GENERACIÓN
DE
CONQUISTADORES

GENERACIÓN
DE
CONQUISTADORES

Alberto Joseth

Promociones & Publicidad la Fe

Generación de Conquistadores
Autor: Alberto Joseth
ISBN: 978-9945-8813-0-1
Teléfonos cel.: (809)446-4629/(849)802-8061
E-mail: revelación07@hotmail.com

Diseño de portada: Daniel Gómez
Diagramación: Rossy Trinidad
Impresión: Graphic Colonial
Editado por: Promociones & Publicidad la Fe
San Pedro de Macorís, República Dominicana

Agradecimientos

Gracias a Dios por Jesucristo, quien murió por mis pecados. De no haber sido así, lo realizado sería imposible.

Gracias a Dios por su buena voluntad de poner en mi tanto el querer como el hacer, para la gloria de su nombre y edificación de su iglesia.

Gracias a mi esposa, mi hijo, mi madre y mis hermanos, quienes son la primera fuente de inspiración para mí.

A mi pastor, Juan Cabrera, por su apoyo incondicional

A mi congregación, "Iglesia de Dios el Gran Mandamiento".

A todos los pastores y miembros del concilio de "Iglesias de Dios El Gran Mandamiento".

Agradezco también a todos los pastores de esta ciudad de San Pedro de Macorís y de otras ciudades por abrirme las puertas de sus iglesias para yo predicar la Palabra de Dios.

Mi gratitud a cada uno de los evangelistas de este y otros pueblos que con sinceridad de corazón se han identificado con nuestro ministerio.

Agradezco de manera muy especial al Espíritu Santo por su fortaleza, por su gracia sobre mí, por cada milagro y por cada una de las letras y palabras de este libro.

Amén

INDICE

PROLOGO

No es común que un evangelista local quiera escribir, regularmente al predicador itinerante, al pregonero del evangelio lo identificamos con el orador, con el parlante empeñado, más que todo en hablar; sin embargo, aquí tenemos en nuestro hermano Alberto Joseth, un evangelista que quiere compartir con nosotros los conocimientos que ha ido adquiriendo en la paciente tarea de elaborar mensajes y conferencias.

El libro Generación de Conquistadores parte del principio de que Dios tiene un propósito para cada persona, y le corresponde a cada persona acercarse a Dios para conocer cuál es ese propósito o cuál es su "destino profético".

El autor nos lleva de la mano de algunos personajes bíblicos que a través de diversas situaciones —a veces desfavorables y en medio del sufrimiento y el dolor— lograron empalmar sus vidas con el propósito de Dios, que al final, siempre será coronado con el bien y la victoria.

Momentos especiales de la vida Abraham, José, Elías, Eliseo y diversas situaciones vividas por nuestro Señor Jesucristo, son tomadas como marco por nuestro hermano para explicarnos lo que él llama el "destino profético", que no es otra cosa que ese punto donde convergen lo que nosotros estamos haciendo con lo que, precisamente, Dios quiere que hagamos. Para que entendamos esto el autor —siempre situado en un marco apropiado— nos aporta una serie de consejos y recomendaciones que ayudan a conocer el propósito de Dios para nosotros, a escuchar la voz de Dios en medio de las diferentes situaciones que tenemos que enfrentar.

Si se fuera a clasificar este libro por el tema y por la manera en que lo aborda Joseth, diríamos que se trata de un libro desafiante, de notable fuerza motivacional, pero que no se queda en las simples técnicas para hacernos sentir bien; Joseth sugiere una lucha permanente, un buscar continúo y persistente del propósito de Dios para nosotros.

Todos los impulsos, todas las sugerencias y recomendaciones apuntan hacia el plan que Dios ha diseñado para cada uno de nosotros.

El plan de Dios es progresivo, aunque tenga paradas incomprensibles, y hasta aparente retrocesos; nunca es un trazado lineal, ascendente, sin pasos y giros zigzagueantes como quisieran algunos. Y vale aquí la ilustración que el Señor le hace a Jeremías del alfarero, hay que trabajar la materia hasta darle la forma ideal. Así trabaja el Señor.

La vida de líder, debe ser progresiva, pero el debe prepararse para capear los momentos críticos y difíciles; incluso, prepararse para la victoria, y esta parte es importante porque algunos no toman en cuenta que el Dios de la batalla es el Dios de la victoria y en cualquiera de las etapas en que nos encontremos lo necesitamos por igual.

Generación de Conquistadores tiene un enfoque motivacional, su énfasis principal es la Biblia.

Por momento el libro tiene un aire de meditación, de inspiración a tono con oportunos énfasis reflexivos, hasta llegar en algunos momentos a la exhortación que sacude, que jamaquea y estremece al que está distraído o aquel que está esperando que "algo" pase simplemente porque está en la tierra y "al vivo les suceden cosas".

Joseth nos hace entender que conquistar es luchar, es lidiar con un enemigo que no entrega nada, al que hay que arrebatarle lo que nos corresponde. Se trata de un arrebato crucial que hay que hacerlo con dignidad, y esto solo lo logra quien se entrega a su Señor, quien vive su plan y se involucra en sus propósitos.

Estrategias, herramientas, visión, fe, enfoque, son términos usuales que el autor maneja dándole un novedoso sentido, sin malograr su significado básico.

Con frecuencia sabemos que Dios va a ser grandes cosas con nosotros. Saber esto es muy importante, pero no lo es menos, saber esperar el tiempo y entender cómo y cuándo Dios las va hacer. Es claro que las cosas de Dios hay que hacerla a la manera de Dios y en el tiempo de Dios.

El autor es preciso en este sentido, cuando nos dice: "Yo creo que muchas personas necesitan saber y conocer que hay un tiempo para recibir la promesa y otro tiempo para el cumplimiento de la promesa; hay un tiempo de recibir lo profético y uno para el cumplimiento profético".

Algunos actúan antes del tiempo de Dios, pero el otro riesgo es dejar pasar el tiempo de Dios, ante lo que Joseth nos exhorta: "Esta es tu oportunidad, debes aprovecharla. Ya Dios puso en ti el poder, la unción, y la autoridad.

Nada podrá detenerte, arrebata lo que es tuyo, porque este es tu tiempo. Avanza hacia la conquista, que hay ejércitos de ángeles peleando a tu favor en el mundo espiritual".

Este es un libro para marcar tu vida, y establecer un antes y un después. Descubre con su lectura, el propósito y el plan de Dios para tu vida. No existe un descubrimiento de mayor valor.

Loida Tejera
Pastora de la Iglesia de la Cristianización,
San Pedro de Macorís, República Dominicana.

INTRODUCCIÓN

No hay dudas que el Señor ha puesto una gran tarea en esta nueva generación de cristianos. No podemos ignorar el gran trabajo realizado por la generación que trabajó antes de nosotros.

Si hoy nosotros podemos conquistar fue porque ellos nos guiaron e interpretaron nuestros sueños. Si hoy nosotros cosechamos, fue porque ellos sembraron. Con gozo estamos recogiendo la cosecha.

Nuestros días son muy breves aquí en la tierra y no tenemos tiempo para sembrar y cosechar. Dios en su eterna sabiduría hizo a unos sembradores y a otros segadores.

Dios en su profunda gracia y sabiduría, hoy nos hace copartícipes de nuestros antepasados como segadores de lo que ellos sembraron. Hoy es el cumplimiento de los sueños que ellos interpretaron.

El que sembró no es mayor que el que siega, tampoco el que siega es mayor que el que sembró. Todos trabajamos con un fin y un propósito que es extender el Reino de Dios en la tierra.

El Señor, en su bondad infinita, es quien da el crecimiento y envía la lluvia temprana y tardía sobre la tierra para que la semilla germine y fructifique con abundancia.

Dios en este tiempo está derramando el buen vino en odres nuevo, pero no podemos ignorar, pisotear o menospreciar los odres viejos.

Hoy disfrutamos este buen vino por que el Señor lo conservó en esos odres viejos. Este exquisito vino que hoy saboreamos con tanto gusto, el Señor lo conservó en odres que envejecieron con el tiempo, hoy este vino es guardado en odres nuevos para que no se derrame y se pierda y otras generaciones puedan seguir disfrutando de su aroma. El vino ha conservado su esencia, gracias a los odres viejos que fueron los recipientes que lo retuvieron, hasta que nosotros lo probamos hoy. Muchos de esos odres tuvieron que dar sus vidas para poder conservar el vino, pero antes de ser quebrados siempre pasaron el vino a otros odres para que esta selecta bebida continuara embriagando generaciones hasta llegar a nosotros.

Los odres viejos representan a las generaciones pasadas, y el vino viejo representa la unción con la que ellos operaban y ministraban.

Los odres nuevos representan a la generación de hoy, y el vino nuevo representa la unción fresca en la que estamos operando y ministrando en este presente promisorio y glorioso que vivimos en este tiempo.

He escuchado a muchos ministros jóvenes criticar y hablar con menosprecio de los viejos ministros. Creo que un conquistador sabio nunca hablaría de forma deshonrosa de quienes nos guiaron a Dios y nos enseñaron a buscar de Él, hasta lograr que nos enamoráramos de su unción y aprendiéramos a amar su Santidad.

Como sabios conquistadores, a estos maestros de pasadas generaciones debemos cuidarlos, honrarlos, respetarlos y colocarlos en la galería de los grandes hombres de la fe, por el gran trabajo que ellos hicieron y están haciendo a favor del Reino.

Hay muchas personas que pretenden afirmar su autoestima, no a partir de lo que son, sino de lo que presumen ser, por lo que tienen que recurrir a la difamación, a la crítica y al menosprecio de los demás. Se creen ser algo o alguien solo cuando pisotean, maltratan y hablan mal de los demás.

A través de las páginas de este libro, Dios te va a guiar a descubrir el potencial que hay en ti, sin tener que dañar a otros.

He orado a Dios para que después de leer este libro, tú no seas igual ni te quedes en el mismo nivel. Hay un gigante que está dormido en ti, y creo que Dios, a través de las páginas de este libro y con el poder del Espíritu Santo, lo está sacudiendo para que ese gigante despierte y enfrente cada limitación que creas tener, con una actitud decidida y resuelta.

Este es un tiempo de cosas grandes. Dios está levantando una generación decidida y audaz en el Espíritu, con visión y mentalidad de Reino.

Sin lugar a dudas eres parte de este gran ejército de hombres y mujeres de esta generación que Dios está levantando para decirle sí a Cristo, no al mundo. Sí a la santidad, no a las basuras del mundo. No al pecado intencional, sí a la pureza.

Dios no le está pidiendo mucho a los ministros de esta generación, Dios nos está pidiendo "todo", porque Él quiere derramar sobre nosotros toda la unción y la gloria reservada para los últimos días de su iglesia aquí en la tierra.

Atrévete a creer que eres parte de todo esto. Atrévete a creer lo que estás recibiendo, abrázalo, atesóralo, porque un "tsunami" del cielo está apunto de cubrir tu vida.

Amén

Capítulo I

Salimos para conquistar

ero Jehová dijo a Abram: vete de tu tierra y de tu parentela de la casa de tu padre, a la tierra que te mostraré.

Y haré de ti una nación grande, y te bendeciré, y engrandeceré tu nombre, y serás bendición.

Y apareció Jehová a Abram, y le dijo: A tu descendencia daré esta tierra. Y edificó allí un altar a Jehová, quien le había aparecido.

Y Abram obedeció a Jehová y salió para ir a la tierra de Canaán, y a tierra de Canaán llegó **(Génesis 12:1-7).**

Todo comenzó con un primer movimiento profético de Abraham, cuando su padre Taré sale de Ur de los caldeos y se establece en Harán. Y continúa en un segundo movimiento, cuando Jehová le dice a Abraham que abandone su tierra, porque Él le iba a mostrar la tierra donde habitaría. En obediencia a la voz de Jehová, Abraham se levantó a caminar hacia su nuevo destino. Esto se convertiría en su segundo movimiento profético. El primer movimiento fue iniciativa de su padre Taré, quien decidió abandonar la tierra de Ur de los caldeos en camino hacia Canaán, pero finalmente se quedó en Harán.

Ya Dios en su eterna sabiduría había comenzado una acción profética en la vida de Abraham a través de su padre Taré, porque cuando Dios tiene propósitos con alguien, una de las primeras cosas que Él usa son los movimientos y los traslados de nuestros padres de un país a otro país, de un pueblo a otro pueblo, de un barrio a otro barrio, de una casa a otra casa.

Dios inicia su acción en nosotros antes de nosotros nacer, y continúa actuando en nosotros después que hemos nacido para ubicarnos en el lugar profético, sin ni siquiera nosotros saberlo ni entenderlo.

Como nos lo indica el versículo cinco, Abraham salió para llegar y llegó. Muchas personas no llegan o no conquistan por que no salen para llegar, porque mientras van en el camino se entretienen con todo y se dejan atraer con las cosas del mundo, y otras se dejan vencer de las opiniones de los demás.

Así que cuando salgas de la tierra de Harán, que representa tu vida pasada, tu dependencia de otros para depender de Dios, no te entretengas en el camino con cosas tales como fornicación, mentiras, deseos carnales, críticas, murmuraciones y lujurias.

Enfrenta tus deseos, lucha con tus realidades y vence todo lo que encuentres que quiera detenerte en el camino. Oye, escucha y obedece aquellos que encaminan tus pasos hacia tu destino. Oye, pero no atiendas a aquellos que disminuyen tus pasos. Dios estaba llamando a Abraham a una vida nueva. En Ur Abraham pierde a su hermano Harán y se casa con una mujer estéril. Después de esto Taré saca a la familia, para ir a

Canaán pero se quedan en Harán y allí muere Taré. Dios quiso desconectar a Abraham de su maldición familiar donde uno muere (su hermano), otra es estéril (Sarai) y otro se queda a mitad de camino (su papá). Cuando Dios te llama Él te desconecta de personas, cosas y lugares que pretenden hacerte vivir y repetir las historias del pasado. Dios dice: "no morirás, no serás estéril, no dejarás nada por la mitad, cumpliré mi propósito en ti".

Un nuevo corazón

Puesto, que la Biblia dice que del corazón salen los malos deseos y pensamientos *(Marcos 7:21)*, unas de las cosas que Dios hace con los conquistadores es darle un corazón nuevo. Esto no significa un corazón perfecto, sino un corazón que obedezca a Dios. De Jesús, el más grande de los conquistadores, Dios expresó su satisfacción cuando obedecía con el mandato del bautismo:

"Y descendió el Espíritu Santo sobre Él en forma corporal, como paloma, y vino una voz del cielo que decía: Tu eres mi hijo amado; en ti tengo complacencia" (Lucas 3:22).

Hay muchas personas que se preparan para conquistar, tienen muchos sueños, entusiasmo y espíritu de conquista, pero se olvidan de la palabra obediencia. Por eso muchos se quedan frustrados, confundidos y caen cansados en el camino sin poder lograr su objetivo, la razón es sencilla: no obedecen. Otros se pasan años golpeando al aire por que no aprenden a obedecer a Dios. Hacemos de todo por Dios y de todo para Dios, pero no hacemos las cosas que Dios nos pide hacer. Por ejemplo, el Rey Saúl hizo todo lo que quería, menos las cosas que Dios le pidió que hiciera *(1 Samuel 15: 1-10)*.

Obedecer es poner en práctica lo que hemos oído y vemos de Dios en su Palabra. *"Son cosas tales como cuando Él nos dice: calla, habla, sal, entra, camina, detente, mira, no mi-*

res, come, no comas. *Siéntate, levántate, ora, no ores, toca, no toques*". Estos detalles de obediencia se manifiestan en nuestro diario vivir. Por favor, presta atención a esto que te voy a decir: no hagas muchas cosas, solo has lo que Dios te pide que hagas y serás un gran conquistador.

Todos los grandes conquistadores han asumido una actitud de obediencia.

¿Por qué? Porque la obediencia los ha hecho santos, y porque la santidad consiste en obedecer a Dios. Durante el tiempo del Éxodo, Jehová para que su pueblo pudiera ser y mantenerse en santidad, les decía:

"Cuídense de guardar los mandamientos que les prescribo hoy" *(Deuteronomio 11:32).*

La santidad y la obediencia no son temas separados, porque la santidad sale de la obediencia. La santidad no es como muchos, lamentablemente, han interpretado. Muchos creen que la santidad la determina una falda, un vestido, un traje, prendas o la una forma tímida de hablar, mirar o caminar. La santidad no tiene que ver con que compres las ropas que usas en una reguera o en que vivas en una casucha.

Si este ha sido tu concepto de la santidad, puedes estar equivocado. Santidad es respeto, temor, reverencia a la Palabra de Dios. Para obedecer la Palabra tenemos que meditar (pensar en ella), de ahí entonces la Palabra de Dios gobernará y dominará nuestras vidas, y entonces seremos santos, porque la Palabra dirigirá nuestra forma de vestir, de hablar, caminar y pensar.

Hasta que la Palabra de Dios no afecte todas las áreas de nuestra vida, no somos santos. Por que hasta que la Palabra no prevalezca en nosotros, no podremos obedecer. Y sin obediencia no hay santidad.

Jesús dijo: "santifícalos en tu verdad; tu Palabra es la verdad" **(Juan 17:17).**

Capítulo 2

La fe de un conquistador

La palabra fe se traduce del griego "pistis", cuyo significado primario comunica la idea de confianza y firme convicción. Dependiendo del contexto de la palabra, también podría significar "fidelidad" *(Det. 3:7)*.

La Biblia define la fe como "la expectativa segura de las cosas que se esperan, la demostración evidente de realidades, aunque no se contemplen" *(Heb 11:1)*. La expresión expectativa segura traduce la palabra griega "hy-posta-sis", este término, común en los antiguos documentos comerciales en papiro, transmite la idea de algo tangible que garantiza una posesión futura.

Esto quiere decir que fe es la escritura de propiedad de las cosas que se esperan. La palabra griega "é-leg-kjos", que se traduce "demostración evidente", comunica la idea de presen-

23

tar pruebas que demuestren algo, particularmente algo contrario a lo que parece a simple vista. Más que una expresión, la fe es una acción. Para hablar de la fe, antes es necesario preguntar o saber ¿qué es la fe?

En la Biblia hay versículos que nos responden:

"Es pues la fe certeza de lo que se espera y la convicción de lo que no se ve " (Hebreos 11:1)

Esto quiere decir que la fe es seguridad de la llegada de algo que se espera y el convencimiento en ver y creer en lo que en el momento no se ve. La fe también es obediencia absoluta.

Ahora bien, obediencia ¿a qué? A lo que Dios te ha dicho en su Palabra y a lo que Él te ha revelado para tu vida personal. También para mí, la fe es aferrarse a las promesas de Dios con una convicción apasionada. Quiero que recibas esto amado lector: La fe no es fe, hasta que no es lo único que te queda.

Nos damos cuenta que tenemos fe cuando en lo humano no hay alternativa, pero estamos seguros de que en el cielo tenemos un Dios vivo, cuyo poder no tiene límites y que no fallará las promesas que les ha hecho a sus a sus hijos.

Cuando te encuentres en situaciones en las que tus fuerzas se agotan y todo a tu alrededor lo   ves oscuro, debes darte cuenta que es el momento cuando el mismo Dios abre un espacio para mostrar y perfeccionar tu fe. Sabes que mientras tengas donde agarrarte no es fe, mientras te quede algo no es fe.

Cuando tu ves todas las puertas cerradas en el mundo físico, pero tú sabes, y estás convencido de que en el mundo espiritual todas las puertas del cielo están abiertas a tu favor, entonces eso es fe.

Algunas veces decimos que tenemos fe en Dios cuando dependemos de hijos, padres, amigos y negocios. Pero quiero decirte que mientras veas a alguien, no es fe. Cuando no ves nada ni a nadie, ni sientes nada, pero sabes en el interior de tu mente y corazón que alguien dijo:

"He aquí estoy con vosotros todos los días hasta el fin del mundo" **(Mateo 28:20),** *entonces eso es fe.*

No estoy hablando de la súper fe, por que yo en lo particular no creo en la súper fe, tampoco estoy con el positivismo. Hay personas que creen que el positivismo es fe, pero no es así. La fe no se limita a tan solo pronunciar palabras positivas. No haces nada con decir yo creo cuando sabes que por dentro te mueres de dudas.

¿Fe o sentimientos?

En estos tiempos parecen estar de modas las declaraciones y los pronunciamientos positivos, hasta el punto de que algunos creen que sus declaraciones son establecimientos proféticos.

Parece que se ha sustituido la oración por la declaración.

Por eso hay muchas personas que duran horas declarando, y segundos orando, cuando debería ser todo lo contrario.

Yo creo que hay una mala interpretación del concepto de la declaración, porque la declaración no dejaría de ser solo una expresión positiva, sino hay fe en el corazón y un conocimiento claro en la mente de lo que Dios dice.

Para que una declaración sea efectiva debe estar basada en principios y fundamentada en la Palabra de Dios.

Marta la hermana de Lázaro creía en el positivismo, pero, no tenía fe.

Así hay muchas personas que hacen pronunciamientos y declaraciones de palabras positivas, pero las toneladas de dudas en sus corazones no les deja dar ni un solo paso hacia conquistar las promesas de Dios.

No haces nada con decir, al igual que Marta:

"mas también sé ahora que todo lo que pidas a Dios, Dios te lo dará"
(Juan 11:22).

Si cuando Jesús te diga: **"tu hermano resucitará" V.23** tu le volverás a decir: **"yo sé que resucitará en la resurrección en el día postrero" V.24.** No haces nada con decir a Jesús: si Señor yo he creído que tu eres el Cristo, el hijo de Dios que has venido al mundo **V27**. Cuando tú sabes que al momento de Jesús decir: quitad la piedra, tú le dirás: "Señor ya hiede porque tiene de cuatro días muerto".

¿Que ves en esa historia? Marta hablaba de forma muy positiva, pero ante cada realidad ella actuaba diferente. En conclusión, la fe no evade o ignora los problemas, ni las adversidades que la vida trae como sorpresas; más bien, acepta que las situaciones adversas están ahí, pero por encima de eso sabe que hay un Dios Todopoderoso que es fiel y que nunca fallará.

La Palabra dice:

"Los que confían en Jehová son como el monte de Sión que no se mueve, sino que permanece para siempre"
(Salmos 125:1).

Por lo tanto, amado lector, declaro en el nombre de Jesús que tu fe se active para creer mas allá de lo que tus ojos puedan ver, y te extiendas a lo sobrenatural y puedas conquistar todo lo que Dios te ha prometido. Solo tienes que hacer tres cosas: **creerlo, decirlo y hacerlo.**

Capítulo 3

La adoración del conquistador

Adoración es la acción de rendir honor u homenaje. La mayoría de las palabras hebreas y griegas que significan adoración también pueden aplicarse a otros actos que no están relacionados con la adoración.

El contexto es lo que determina su sentido. Una de las palabras hebreas que transmite la idea adoración "a-vádh" básicamente significa servir.

Otro término hebreo que puede usarse como adoración es "hisch-tájawah" que significa inclinarse, o rendir homenaje.

Tanto el verbo griego "la-treu-o", como el sustantivo "la-tre-ia" transmiten la idea de rendir, no cualquier clase de servicio común o mundano, sino un servicio sagrado.

También el término griego "pros-sky-ne-o" se utiliza para referirse a un esclavo que rinde homenaje a un rey. Todos estos términos hebreos y griegos nos enfocan en que la adoración es rendir, servir, entregar, sacrificar. Aun mas, la adoración es una forma de vida, un diario vivir en la presencia de Dios.

El Maestro Jesús fue específico cuando habló con la mujer samaritana *(Juan 4:21):*

"Mujer, créeme, que se acerca la hora en que ni en este monte ni en Jerusalén adorarán ustedes al padre". V23 "pero se acerca la hora y ha llegado ya, en que los verdaderos adoradores rendirán culto al Padre en espíritu y en verdad, porque así quiere el Padre que sean los que le adoran. V24 "Dios es Espíritu y quienes lo adoran deben hacerlo en espíritu y en verdad" (NVI).

El maestro Jesús quiso decir a la mujer samaritana, que la adoración no es un ritualismo, sino más bien una forma de vida.

Esta generación de conquistadores ha descubierto esta herramienta de conquista. La adoración es una de las armas más poderosas que tiene el creyente.

En muchas ocasiones el pueblo de Israel ganó grandes guerras y batallas sin pelear. ¿Cómo lo hicieron entonces? Ellos adoraban y alababan a Dios, y entonces Él peleaba por ellos.

Para un tiempo muy difícil en Israel, Dios llamó a un hombre que respondía al nombre de Gedeón. Lo llamó para que fuera un conquistador *(Jueces 6:7-8).* En el capítulo 7, verso 16, de este mismo libro de Jueces, encontramos a Gedeón en plena faena de conquista:

"Y repartiendo los trescientos hombres en tres escuadrones, dio a todos ellos trompetas en sus manos y cántaros vacíos con teas ardiendo dentro de los cántaros.

Es sorprendente saber que alguien va a la guerra y no les dice a sus seguidores: ¡Tomen sus armas! Nos referimos a espadas, lanzas, jabalinas, fusiles, metrallas, bombas, misiles etc., sino que le dice a su ejército que tomen armas de adoración. La **"Trompeta"** representa alabanza a la majestad de Dios. El **"cántaro vació"** representa tu corazón vacío de las cosas del mundo, y vacío de las opiniones de los expertos que te han hecho creer que tus éxitos y tus conquistas dependen de la multitud de tus ejércitos, de tu capacidad y no en la revelación del Dios infalible.

Hay muchos creyentes preparados en todo el sentido de la palabra, pero no avanzan ni prosperan, y mucho menos han podido conquistar las cosas que Dios les ha prometido, por que se han apoyado y se han esperanzado en su propia capacidad y no en el poder del Dios Todopoderoso.

"Teas ardiendo dentro de los cantaros" Teas es lo mismo que antorcha. Esto indica que dentro de ese corazón vacío de las cosas del mundo, hay algo, ¿Qué es? Una antorcha con el fuego de tu adoración, la cual es tu arma invencible.

¿Por qué te odia Satanás?

Satanás siempre se opondrá a tu adoración y siempre te odiará. Tu adoración le molesta por dos razones principales:

1. Porque él vivió en el lugar de la adoración (cielo) y él conoce el efecto que hace la adoración en el cielo y la tierra.

2. Porque siendo incorpóreo, y viviendo en el mundo de la perfección, no pudo cumplir el propósito para lo cual fue creado. El fue creado con dos propósitos principales:

1. Para adorar a Dios.
2. Para proteger la santidad de Dios.

Ezequiel 28:14-15 dice: "tú, querubín grande, protector, yo te puse en el monte santo de Dios, allí estuviste en medio de las piedras de fuego tú paseabas".

Para tu entender el punto número 2, debes entender cuál es la función de un querubín. El libro de Génesis dice que después que el hombre (Adán y Eva) pecó, Jehová los sacó del huerto, porque ya ellos eran conocedores del bien y el mal. Al sacarlos Dios de ese lugar puso querubines para proteger su lugar santo.

También *1 Reyes 8:7,* nos enseña que había querubines que cubrían el Arca del Pacto de Jehová. El Arca del Pacto colocada en el lugar santísimo, era la mayor expresión de santidad para los judíos. Todo lo antes mencionado nos muestra que el trabajo de un querubín es proteger. Entonces decimos que los querubines son los encargados de proteger la santidad Dios. Entonces el querubín protector protegía la santidad de Dios.

Entonces Satanás   al verte a ti y a mi, que somos imperfectos y sujetos a pasiones, cumpliendo con el propósito para el cual fuimos creados, eso le molesta, lo golpea, lo hiere, y lo acusa.

Cuando Gedeón iba a la guerra contra los madianitas, amalecitas y los del Oriente, él entregó a sus 300 hombres trompetas y les dijo: **"miradme, y haced lo que yo hago".** *(Jueces 7:17),* Gedeón tocó su trompeta y sus hombres también tocaron las suyas, entonces sus enemigos echaron a correr.

Cuando alabamos y adoramos a Dios nuestros enemigos huyen. Cuando Pablo y Silas estaban encarcelados, ellos empezaron a cantar, no a quejarse.

Esto provocó un gran terremoto, e inmediatamente   se abrieron las puertas de la cárcel. Cuando tú estés pasando por momentos difíciles, no te quejes ni te lamentes, solo alábale y adórale porque tu adoración va a provocar un terremoto tremendo en el mundo espiritual. Las situaciones difíciles y el desierto, solo van a perfeccionar tu adoración, porque en el desierto y la cárcel no hay templo. Tú te conviertes en el templo de adoración.

Capítulo 4

Autoridad del conquistador

*E*ntonces Jehová Dios *formó al hombre del polvo de la tierra., y soplo en su nariz aliento de vida y fue el hombre un ser viviente (Génesis 2:7).*

En este versículo el verbo **"formar"** nos sugiere la idea de un diseñador, o sea, de alguien que había trazado un plano previo en su mente en el cual estaba ordenado todo lo que iba poner en su creación. Esto quiere decir que cuando Dios nos hizo, puso en nosotros todo lo necesario para accionar en Él.

Quiero decirte que Dios puso en ti todas las herramientas necesarias para conquistar, que lo tuyo está en proceso, ya se habló de ti en el cielo, y de lo que tú serás.

Cuando Dios, el diseñador, te daba la forma de lo que tú eres y vas a ser, lo hizo pensando en que tu fueras un conquistador. Entonces, hoy no te amedrentes ante lo que ves, ni temas por lo que escuches, porque tú eres un conquistador; por eso Satanás, el enemigo, se ocupa en decirte que tú no sirve, que tú no puedes, que estás fracasado, que tu te vas a enfermar, que te irás mal; todo es porque él quiere quitar de tu mente y de tu corazón que eres un conquistador, ya que él sabe que cuando te sientes en la silla y tomes el camino y la dimensión de los conquistadores, él no podrá tumbarte ni detenerte.

Tal vez el enemigo logre interrumpir el propósito, pero, recuerdas que interrupción no es eliminación.

En el huerto del Edén el enemigo logró interrumpir el propósito en Adán, pero no fue más que eso, interrupción.

Pero como Dios siempre tiene sorpresas, apareció Jesucristo a darle continuidad y seguimiento a lo que fue interrumpido en el Edén. El apóstol pablo dijo:

"Gracias doy a Dios por Jesucristo" **(Romanos 7:25).**

¿Por qué Eva fue confundida tan fácilmente?

En el principio, allá en el Edén, el diablo logró interrumpir el propósito de Dios para el ser humano.

En primer lugar, porque Adán y Eva tenían poder sobre todo el mundo visible y natural, pero no tenían poder y autoridad en lo sobrenatural e invisible.

Por eso Eva conversó con Satanás y no se dio cuenta, y mucho menos atendió reprenderlo.

Pero ahora a través de Jesucristo, Dios nos ha dado poder sobre todo lo visible (natural), también hemos recibido por medio de Cristo poder para dominar, gobernar y vencer y conquistar el mundo invisible y sobrenatural.

¡Mente personificada!

A través de Jesucristo hemos pasado a dos dimensiones. Numero uno: mente personificada. Ya nosotros pasamos de ser lo que Dios pensó, somos su mente activa, somos lo que Dios tenía en su mente, de igual manera somos su herramienta de conquista. Si somos el resultado de lo que Él pensó, debemos vivir también según su mente.

Dios mismo marca la relación y la distancia que hay entre la mente de Él y la de y nosotros:

"Porque mis pensamientos no son vuestros pensamientos, ni vuestros caminos mis caminos, dijo Jehová" **(Isaías 55:8).**

En este versículo Jehová quiso decir que quien tiene su mente camina como Él. Es imposible caminar en Él y con Él sin su mente. El Señor le dijo al pueblo de Israel, a través del profeta Isaías, que sus caminos no son los caminos de ellos, porque sus pensamientos tampoco eran los suyos.

Cuando pensamos con altura, caminamos también en altura. Si somos sus pensamientos personificados, también caminemos en su altura.

No camines pensando y ensuciándote con las cosas bajas de este mundo. Elévate a las alturas y camina según el Dios Altísimo.

Numero dos: ¡Palabra personificada! (activa).

"Entonces dijo Dios: hagamos al hombre a nuestra imagen, conforme a nuestra semejanza" **(Génesis 1:26).**

Esto quiere decir que lo que Dios pensó, lo habló, y lo que él habló se personificó. Tú eres de quien Dios dijo "hagamos"; por lo tanto, tu eres lo que Él pensó, tu eres de quien Él dijo, tu eres su palabra personificada. A través de las páginas de este libro quiero llevarte a la dimensión de que entiendas y creas que eres la Palabra de Dios personificada, activa, viva, con movimientos para tocar el mundo.

Esto quiere decir que no fallarás en cuanto a lo que Dios determinó que tú harás.

"Porque la palabra de Dios es viva y eficaz, y mas cortante que toda espada de dos filos, y penetra hasta partir el alma y el espíritu, las coyunturas y los tuétanos, y discierne los pensamientos y las intensiones del corazón" **(Hebreos 4:12).**

Tú eres la Palabra de Dios personificada, y serás eficaz en todo lo que hagas; tú no vas a fallar, lo lograrás. El que no falla en el propósito, para mi, es aquel que pese a los fracasos momentáneos no se rinde, sino que sigue luchando hasta lograrlo.

Tú eres la espada más cortante que tiene Dios en la tierra; y Dios quiere usarte para cortar las cadenas de Satanás, cortar toda ligadura para que las gentes sean libres, para cortar los yugos de drogas, alcoholismo, prostitución, lesbianismo, homosexualismo, mentiras y otros males opresores.

¿Sabías que eres un instrumento de Dios?

"Martillo me sois y armas de guerra y por medio de ti quebrantaré naciones, y por medio de ti destruiré reinos" **(Jeremías 51:20).**

El mismo Dios que quiso tener misericordia de nosotros, ese mismo Dios puso en nosotros todas las herramientas necesarias para accionar y conquistar. Hay personas que pasan todo su tiempo pidiéndole a Dios que les de poder, pero no hacen nada para que Dios manifieste ese poder en ellos y a través de ellos.

Quiero decirte que tú tienes todo el accionar de Dios   en tu vida: su poder, unción y autoridad. Solo acéptalo, úsalo en el nombre poderoso de Jesús. Conocemos que humanamente José fue el padre de Jesús y conocemos también que la profesión de José era carpintería.

¿No es este el hijo del carpintero? ¿No se llama su madre Maria, y sus hermanos Jacobo, Simón, y Judas? **(Mateo 13:55).**

Vamos a creer que José mismo enseñó a su hijo Jesús a trabajar carpintería. Entonces pensamos que la herramienta principal del carpintero es el martillo. El Señor dice por medio de Jeremías: "Martillo me sois", esto quiere decir que tu eres la herramienta principal de Jesús, tu eres el martillo y su arma de guerra; y por medio de ti Jesús quebrantará naciones, y por medio de ti Dios destruirá reinos y toda fuerza del enemigo.

Amado hermano, Dios te dice: Tú eres una herramienta especial en mis manos; y por medio de ti yo haré todo lo que voy a hacer. Así que no te quedes sentado en el banco de los derrotados, levántate, camina y avanza hacia la conquista porque para eso yo te hice.

Tú eres todo lo que dice su Palabra acerca de ti, y puedes alcanzar todo lo que Él te ha prometido. Por tanto te digo que este es tu tiempo y tu momento, aprovéchalo, que tu puedes.

Si fallaste una vez, inténtalo ahora, que esta vez no fallarás, solo tienes que creer y actuar.

Recuerda que la fe es también perseguir lo invisible hasta que se haga visible. Satanás querrá hacerte creer y pensar que no podrás conquistar porque no tienes herramientas. Quiero decirte que tú puedes, no necesitas herramientas porque tú eres una herramienta en las manos de Dios y tu pasado ya no existe porque Él lo desapareció. Por favor créelo, dilo, llena los aires diciendo: ¡Yo soy un conquistador!, lo lograré, venceré, lo alcanzaré, lo veré, lo tocaré, porque Dios me marcó para conquistar y voy a conquistar en el nombre de Jesús.

Capítulo 5

Los sueños y el destino profético

Destino: punto o lugar al que una persona desea llegar.

El gran general japonés Nobunaga Oda, jefe militar japonés nacido en 1534, y reconocido por su gran capacidad militar, en medio de una de las tantas campañas militares que dirigió, hasta finalmente unificar a Japón, decidió atacar, a pesar de que sólo contaba con un soldado por cada diez enemigos. El estaba seguro de vencer, pero sus soldados abrigaban muchas dudas.

Cuando marchaban hacia el combate, se detuvieron en un santuario sintoísta. Después de orar en dicho santuario, Nobunaga salió afuera y dijo: "Ahora voy a echar una moneda al aire. Si sale cara, venceremos; si sale cruz, seremos derrotados. El destino nos revelará su rostro".

Lanzó la moneda y salió cara. Los soldados se llenaron de tal ansia de luchar que no encontraron ninguna dificultad para vencer.

Al día siguiente, un ayudante le dijo a Nobunaga: "Nadie puede cambiar el rostro del destino".

Exacto», le replicó Nobunaga mientras le mostraba una moneda falsa que tenía cara por ambos lados. ¿El poder de la oración? ¿El poder del destino? ¿ O el poder de una fe convencida de que algo va a ocurrir?

De esta historia podemos aprender:

primero: Nadie pude cambiar el rostro de tu destino porque Dios desde la eternidad te predestinó para ser un conquistador.

Segundo: El poder de la oración nos abre caminos para dirigirnos con pasos agigantados hacia nuestro destino.

Tercero: El poder de la fe en un Dios que nunca ha perdido una batalla y que es poderoso para darnos la victoria sobre todos nuestros enemigos.

"Tomó, pues Abraham a Sarai su mujer, y a Lot hijo de su hermano, y todos sus bienes que habían ganado y las personas que habían adquirido en Harán, y salieron para ir a tierra de Canaán: y a tierra de Canaán llegaron " **(Génesis 12:5).**

Para mi lo mas difícil en la vida no es ser pobre, iletrado, o tener alguna deficiencia física. Eso no es lo peor. Lo peor y más difícil en la vida es dedicarse a vivir la vida o a caminarla sin un destino a llegar, sin un norte a seguir, sin un propósito, y un destino especifico.

Lo peor es yo existir y nunca descubrir para que existo, o por qué existo. Lo peor no es que alguien muera. Lo peor es cuando alguien muere sin haberse dado cuenta para qué Dios lo creó, por qué vivió y para qué vivió. Y eso es precisamente lo que puede hacer que alguien muera sin Cristo, lejos de Dios o en pecado. Lo más duro y terrible es pasar por la tierra sin darme cuenta con qué propósito Dios me envió a la tierra.

Nunca podremos descubrir quiénes somos y hacia dónde vamos, si nos desconectamos de nuestro Creador.

Abraham y sus acompañantes salieron de tierra de Harán para ir a Canaán, y a Canaán llegaron. Nadie puede llegar a su destino cuando no sabe cuál es, o si tiene algún destino. Dios quiere hacerte saber que tú tienes un destino, y también Dios te hará saber cuál es tu destino.

Cuán difícil sería para alguien salir sin saber hacia dónde va. Muchas personas en el mundo y en las iglesias están caminando en la vida sin saber hacia dónde quieren llegar.

¿Qué sueñas?

José, el hijo de Jacob, no tenía nada de extraordinario, era un joven pastor de oveja que por la forma en que se conducía en la vida cotidiana comenzó a diferenciarse de sus hermanos. Su estrella comenzó a brillar en el seno de la familia. Las tensiones familiares comenzaron a intensificarse cuando él comenzó a soñar, a marcar su destino, si se quiere.

"Y el les dijo: oíd ahora este sueño que he soñado. He aquí que atábamos manojos en medio del campo, y he aquí que mi manojo se levantaba y estaba derecho, y vuestros manojos estaban alrededor y se inclinaban al mío. Soñó aun otro sueño, y lo contó a sus hermanos, diciendo: He aquí que he soñado otro sueño, y he aquí que el sol y la luna y once estrellas se inclinaban a mí. Y lo contó a su padre y a sus hermanos, y su padre y le reprendió y dijo ¿Qué sueño es este que soñaste? ¿Acaso vendremos yo y tu madre y tus hermanos a postrarnos en tierra ante ti?"
(Génesis 37: v 6-7 y v 9-10).

Dios usa diferentes formas para revelar su propósito a sus hijos. En el caso de José, Dios se valió de sueños para revelar su propósito y para señalar su destino profético. A lo mejor usa otros medios para revelarnos su propósito a ti y a mí. A veces Dios lo hace a través de sueños, a través de un profeta, y otras veces, a través de su Santa Palabra.

Lo cierto es que Dios no llama a nadie sin destino. Lamento tener que recordar lo que he oído a muchas gentes decir "no se para qué Dios me llamó" y no me refiero a personas que tienen un mes en la iglesia, sino mas bien a personas que tienen años y que participan de todas las reuniones.

Es triste saber que alguien esté caminando una vida cristiana sin saber hacia donde va. Algo muy importante es que la información de tu destino se recibe a través de revelación y la revelación se recibe en la intimidad con el que te llamó.

Un padre que interprete nuestros sueños

Cuando José soñó, contó su último sueño a su padre Jacob, y este le interpretó el sueño de la siguiente manera: *¿Qué sueño es este que has soñado? ¿Acaso vendremos yo y tu madre y tus hermanos a postrarnos en tierra ante ti?*

Hay muchas personas en la iglesia con años y no saben hacia donde van, o que les espera en el futuro, eso es también porque carecen o no tienen un padre espiritual que les interprete sus sueños.

¿Conoces a alguien que a pesar de tener años en la iglesia no sabe hacia donde va?

En las iglesias tenemos muchos dirigentes, pero pocos padres espirituales. Esta es la realidad que tenemos en nuestras congregaciones.

La autoridad o capacidad de interpretar sueños o marcar destinos proféticos no reposa en la mente de un líder ni está en las manos de un dirigente. Esta revelación reposa y se encuentra en el corazón de un padre espiritual. Lo que quiero decir es que las iglesias tienen muchos dirigentes, somos ricos de dirigentes, pero muy pobres de padres espirituales.

El dirigente es tu hermano, y pudiera darse el caso que cuando le cuentes tus sueños él sienta envidia, te aborrezca; otros van ignorar tu sueño, ó dirán: "estás loco". Sin embargo, un padre espiritual siempre va a meditar en tus sueños, tus palabras, y revelaciones.

Si eres un dirigente en tu iglesia, te invito a que le pidas al Espíritu Santo que te transforme en un padre espiritual y superes el nivel de ser un simple dirigente.

El dirigente te dice lo que tú tienes que hacer, y critica lo que haces mal sin orientarte cómo mejorar. Mas el padre espiritual te ayuda a encontrar el verdadero propósito de Dios para ti, y cual es tu destino.

Hay personas que no han podido avanzar, tampoco se mueven porque no han encontrado un padre espiritual que les interprete sus sueños.

Un José sueña y no sabe que significa su sueño, busca un Jacob para que lo interprete, ha de esperar que su Jacob sea capaz de decirle con humildad: *"yo, tu madre, y tus hermanos nos postramos a tierra ante ti, eso es lo que significa tu sueño"*. Un dirigente nunca se postraría ante un siervo, solo un padre espiritual se postraría en señal de gozo y alegría por el éxito de un hijo.

Si sueñas te van a perseguir

"Cuando ellos lo vieron de lejos, antes que llegara cerca de ellos, conspiraron contra él para matarle, y dijeron el uno al otro: He aquí viene el soñador, ahora pues venid y matémosle, y echémosle en una cisterna y diremos: alguna mala bestia lo devoró; y veremos que será de sus sueños" **(Génesis 37:18-20).**

Satanás, el enemigo, nunca te atacará tanto hasta el momento en que él se dé cuenta que tu has descubierto cuál es tu destino, hacia donde tu vas, y para qué Dios te llamó. Aquí hay grandes verdades que extraer: En primer lugar, el problema que tenían los hermanos de José con él no se trataba de que fuera hijo de la mujer a quien Jacob amaba más. Tampoco era porque José informaba a Jacob sobre la mala conducta de ellos.

El problema consistía en que él tenía sueños que un padre le había interpretado. Ni siquiera era por la túnica especial que su padre le había hecho.

Todos los ataques eran por sus sueños, como nos lo indica el texto antes mencionado:

"Venid, pues, y matémosle, y diremos alguna mala bestia lo devoró y veremos que será de sus sueños" **(Génesis 37:20)**.

¿Cual era el problema? Los sueños interpretados eran igual a su destino. Amado hermano en Cristo, Satanás no te atacará por tu nombre, tu apellido, color, nacionalidad, carrera profesional, forma de vestir elegante, por lo activo que seas en la iglesia, etc. El empezará a atacarte en el mismo momento en que se dé cuenta que tu sabes cuál es tu destino, hacia donde vas.

Los primeros ataques, la primera traición no viene de fuera ni de tierra lejana, sino mas bien de tu círculo más cercano, como aconteció con José. ¿Quiénes procuraron matarlo?, sus hermanos, los de su misma casa, los que lo abrazaban, los que les decían: Dios te bendiga manito (manito expresión de ternura), personas a quienes él les servía.

Algo muy importante y es que después que sus hermanos lo echaron en la cisterna, se sentaron a comer lo que él les había llevado. Así hay muchas personas que después de recibir tu servicio y después de comerse el pan espiritual o material que tú les das, te echan en una cisterna y luego se sientan como si nada estuviera pasando. Pero debemos recordar lo que nos dice la Biblia:

"Y sabemos que a los que aman a Dios todas las cosas les ayudan a bien, esto es a los que conforme a su propósito son llamados"
(Romanos 8:28).

Una de las causas por lo que muchas personas no llegarán a su destino es porque son sentimentalistas, y se defienden de todos y por todo. Deberíamos dejar de defendernos y de quejarnos y permitir que Dios nos guíe conforme a su propósito. Recordemos que los que amamos a Dios todas las cosas nos ayudan a bien. Aunque no lo veamos así en el presente, quizás por la presión de la situación que estamos pasando. El que aspira a grandes cosas debe también tener la capacidad de sufrir mucho.

El proceso difícil que estas viviendo, ¿no será el primer paso hacia tu victoria?

El primer paso que dio José hacia el palacio (su destino profético) fue ser tirado en la cisterna.

Cuando José cae en la cisterna, inmediatamente quedó desligado de la dependencia, de la manutención y del auxilio de Jacob. Y hay veces que Dios tiene que permitir situaciones para desligarnos de nuestro Jacob, porque a veces no comprendemos que Jacob está para interpretar nuestros sueños no para cumplirlos.

Jacob interpreta los sueños, pero Dios es el que cumple los sueños. Los hermanos de José pensaban que le estaban haciendo un mal; sin embargo, Dios usó ese aparente mal para que José empezara a dar pasos agigantados hacia el palacio.

Esto me quiere decir que lo que Satanás se inventa para matarte o hacerte la vida imposible, Dios usará eso mismo como combustible para impulsarte   a tu destino. Algo más, y es que Dios en su eterna sabiduría sabía que en un futuro lejano o cercano vendría una gran hambruna mundial. Entonces, Dios envió a José delante para que Jacob no muriera de hambre. A Jacob Dios se le apareció en Betel, que significa luz, como un adelanto de que jamás moriría en la oscuridad del hombre.

Dios está atento a nuestros sueños

Los hermanos de José ya habían decidido su muerte, incluso planificaron como ocultarla y tergiversar los hechos para ellos no aparecer como culpables. "Pero en el último momento hubo una intervención inesperada. Cuando Rubén oyó esto, lo libró de sus manos y dijo: *"No lo matemos"*.

Y les dijo Rubén:

"No derraméis sangre, echadlo en esta cisterna que está en el desierto y no pongáis manos en él; por librarlo así de sus hermanos para hacerlo volver a su padre" **(Génesis 37:21-22).**

Cuando quieran matarte, alguien dirá: ¡No lo matemos echémosle en una cisterna! Ya cuando estés en la cisterna que pensabas que ibas ahogarte te darás cuenta que la cisterna esta vacía. Gloria a Dios.

Y ya en la cisterna, alguien dirá vamos a venderlo, y cuando te vendan estarás dando tu segundo paso a tu destino. El precio o el valor insignificante que te pongan, te va a conectar directamente con el lugar de tu destino profético.

Aun cuando los hermanos de José no lo mataron, pensaban que no sobreviviría mucho tiempo como esclavo. Estaban dispuestos a que esos crueles traficantes de esclavos hicieran la maldad que ellos mismos no se atrevieron a cometer.

De ahí entonces, José tendría que someterse a un viaje de treinta días a través del desierto, probablemente encadenado y a pie. Estoy seguro de que sus hermanos pensaron que jamás lo volverían a ver. Pero una cosa es lo que piensan los hombres y otra cosa es lo que Dios piensa. Cuando llegues a Egipto te venderán como una mercancía esclavizada, pero más tarde tu comprador y tus vendedores se convertirán en tus servidores lejanos y cercanos. ¡Aleluya!

Alguien alentará nuestros sueños

Aun viviendo en condiciones de esclavo, el Señor dará a conocer su gracia en ti y su favor para contigo. Por eso es que en los momentos más difíciles cuando queremos abandonar, dejar de luchar, rendirnos, dejar de predicar, pastorear o de dejar el llamado de Dios para nuestras vidas; alguien Dios va a usar para decirnos: Veo algo grande de Dios en ti; pastor, me gustaría ser miembro de tu congregación, o predicador, yo estaba casi en el suelo, pero fui a un servicio donde tu predicaste y aquellas palabras que el Señor me dio a través de ti me levantaron; que el Señor te bendiga y te siga usando.

Alguien te dirá: *"yo aprendo mucho cuando tú enseñas en la clase bíblica"*. Algún cantante del Señor puede sentirse fracasado, y frustrado porque su música no se esté vendiendo, y a la vez pensar que no valió la pena la inversión en la grabación, Dios siempre usará a alguien para decirte: *"cada vez que escucho tu música me llega al corazón, me levanta, el Señor siempre me habla a través de tus canciones"*.

Entonces nos damos cuenta que aunque estamos en tierra desconocida, posición y situación no deseada, nada de esto frustra el plan y el propósito de Dios en nuestras vidas; sino mas bien, nos prepara para funcionar en su llamado y conquistar lo que Él nos ha prometido.

Cuando alguien quiere matar tu sueño

Cuando José fue llevado a Egipto, fue comprado por un funcionario y capitán de la guardia de Faraón, llamado Potifar. El Señor estaba con José, y esto hizo que se ganara el favor y la simpatía de todos. Lo nombraron ayudante personal y mayordomo de la casa de Potifar, y desde el día en que José fue dejado a cargo de esta casa con toda su pertenencia, el Señor bendijo, tanto la casa de Potifar, como sus demás propiedades.

Con José al cuidado de todo lo que tenía Potifar, ya no se preocupaba mas que de comer.

José era un tipo joven y buenmozo por lo que la mujer de Potifar trató de seducirlo. Él se resistió. La mujer reaccionó acusando falsamente al muchacho, alegando que había traicionado la confianza de su amo, lo que provocó que fuera llevado a la cárcel.

La casa de Potifar será el tercer paso hacia tu destino. Estando ya en la casa de Potifar, alguien te va a acusar. Satanás, que el Señor lo reprenda, querrá destruir tu testimonio acusándote. Por eso hay una declaración que no debe faltar en la oración de ningún ministro: *¡Señor guarda mi testimonio!* Cuando hagas de esta petición parte de tu oración, y el enemigo viene contra tu testimonio, no te defiendas, deja que Dios lo haga, Él sabe cómo hacerlo.

José no se defendió y eso le permitió dar su cuarto paso hacia el palacio, (su destino).

Es mejor estar encarcelado honrando a Dios y siéndole fiel, que estar fuera de la cárcel viviendo en pecado.

El enemigo podrá dañar tu reputación, pero, no tu testimonio. José no tocó a la mujer de Potifar por temor al Dios de Abrahán, y el respeto a su amo; sin embargo, cuando Dios se le reveló, le mostró el sol, la luna, las estrellas y manojos, pero ella, la mujer de Potifar, no estaba en el sueño que tuvo.

Probablemente el enemigo te presente ciertas ofertas que parecieran convenientes; pero si eres un hombre o mujer de oración te será fácil comprobar que tal propuesta no estaba en la revelación inicial. Si se diera el caso que injustamente alguien te hace caer en cárcel, no te desanimes, alégrate en Jehová, porque te está dando un empujón que te va a llevar al patio del palacio.

Lo que el reino de las tinieblas usa para matarte, ese mismo viento contrario, va a acelerar la marcha hacia tu destino.

Y esa misma traición, al igual que la traición que Judas le hizo a Jesús te va a colocar a tan solo tres días de la resurrección: Segundo nivel de gloria (gloria de Resurrección) y a tan solo 43 días de la Ascensión máximo nivel gloria (gloria de Ascensión).

Estando en la cárcel te harán promesas y luego se olvidaran de ti. No te sientas mal, tampoco hables mal de los que se olvidaron de ti. Si se acuerdan de ti ahora, solo podrán sacarte de la cárcel; pero si se acuerdan de ti en el tiempo de Dios, tu próximo nivel será el palacio. ¡Que bueno es Dios!

A lo mejor en este preciso momento estés huérfano, estés en una nación que no es tu nación, te sientas solo, te sientas abandonado porque te criaste de casa en casa, de barrio en barrio, de pueblo en pueblo, etc.   Tal vez tu vida sea una repetición de la vida de José. El Señor te dice: "como lo hice con José lo haré contigo, te haré fructificar en tierra extraña; yo soy tu padre, soy quien te sostiene de tu mano derecha, yo soy el que pelea por ti, soy tu pastor; por tanto levanta la cabeza y mira lo que tengo para ti. Las cosas no han acontecido en tu vida por casualidad o accidente, porque no soy un Dios de casualidad, sino más bien un Dios de propósitos eternos."

Una señal de peligro

Atención aquí. Algo que puede detener a cualquier persona en el camino, sin llegar a su destino, es pensar haberlo hecho todo. Los conquistadores nunca creen haberlo alcanzado todo, sino que creen que les falta más por hacer, más por conquistar, mucho más por alcanzar.

Un conquistador debe de romper con la mentalidad conformista por que en el reino siempre habrá mas que conquistar que lo que has conquistado.

Si decides quedarte en el mismo lugar o si te conformas con lo que has logrado, o si decides seguir avanzando, de todos modos las batallas van a venir, los momentos difíciles vienen.

Entonces de ti depende si no vas a huir de la batalla, si te vas a detener antes los problemas, y los momentos difíciles, o si también quieres usar esas batallas, problemas o situaciones como escalón o plataforma para recibir el nivel que Dios destinó para ti.

No te rindas tan fácil, levanta la cabeza; fija tus ojos en el palacio porque la cisterna no es tu destino, veinte piezas de plata no son tu precio, la casa de Potifar no es tu destino, la cárcel tampoco es tu fin.

Hay muchas personas que ya no están en la cisterna, pero tienen que volver a la cisterna a tomar sus sueños que dejaron allí.

No dejes tus sueños allá en la cisterna, tampoco en el trayecto que existe entre Dotan y Egipto; tampoco sepultes tus sueños en los senos y en los labios de una mujer impía como la mujer de Potifar.

Recuerda que la mujer de Potifar vive en todos los países del mundo y al lado de tu casa, en tu trabajo, es una compañera o compañero de estudios de la escuela o la universidad. ¡Ten cuidado!

Recordando lo dicho

Unas de las cosas por la que mucha gente no llega a su destino es porque se les olvida muy fácil lo que Dios le ha dicho, y lo que dice la Palabra de Dios acerca de ellos.

Nunca olvides, en la tormenta, cuando los olas llenan tu barca, lo que Dios te dijo en tierra seca, nunca olvides en la tormenta, lo que Dios te dijo en la bonanza. Jamás olvides en la oscuridad, lo que Dios te dijo en la luz.

No olvides en la soledad lo que Dios te dijo en la multitud, tampoco olvides en la multitud lo que Dios te dijo en la soledad. Ahora, por nada olvides en Egipto lo que tú soñaste en Canaán. (Egipto, lugar de aflicción) (Canaán tierra fértil).

Capítulo 6

Conquista de gracia

La gracia de Dios es uno de los temas más importante de la Biblia y al mismo tiempo el menos comprendido. Quisiera describir la inmensurable gracia Dios con términos llanos y fáciles de comprender. Establezcamos primero la diferencia entre gracia inmerecida y gratitud merecida.

Imagine un joven lleno de sueños, con gran deseo de triunfar pero que carece de recursos para estudiar. Sus padres no pueden darle la carrera de medicina que él quiere alcanzar.

De repente, una amiga de la madre de este muchacho le extiende su mano cubriéndole de todos los recursos necesarios para graduarse.

El joven no encuentra la forma de agradecerle. Pasan los años, y este joven, ahora convertido en cirujano de buena fama, descubre que la paciente de un colega suyo es nada menos que aquella mujer, hoy una anciana, que le proveyó los recursos para graduarse de cirujano, justo cuando más lo necesitaba.

Este doctor pide el caso, no puede perderse el privilegio de atender gratuitamente y con esmero a la mujer que lo bendijo tanto. Ella es ahora objeto de una gran muestra de amor merecido de parte de este hombre.

Sin duda podemos decir que aquel cirujano le hizo un bien o un favor a aquella anciana; sin embargo, debemos pensar que cuando él no tenía nada, ella era quien le auxiliaba. Esto nos quiere decir entonces que la anciana merecía el bien y o el favor que el cirujano le hizo.

Exactamente de eso se trata, la gracia de Dios nos hace disfrutar de un bien y de un favor que no merecemos, que no nos ganamos. En ningún momento hicimos ni haremos (ni podremos hacer) algo para merecer un bien de Dios. Solo es por su gracia.

"Por gracia sois salvos por medio de la fe: y esto no de vosotros, pues, es don de Dios, no por obras para que nadie se gloríe" **(Efesios 2:8-9).**

Ahora bien el que entiende la dimensión de la gracia de Dios, termina dando gracias a Dios.

Gracia y misericordia

La misericordia de Dios se manifiesta de la siguiente manera; imagínate por un momento que Víctor ha cometido algún delito (ha violado alguna ley de la nación o ha cometido una falta grave).

Víctor es llevado a un tribunal para ser juzgado por el acto cometido.

El juez Ernesto le juzga, le halla culpable y por consiguiente dicta su sentencia. Ahora de la única manera que Víctor puede ser librado de la cárcel es si paga una fianza, y Víctor no tiene para pagarla, tampoco sus familiares lo pueden ayudar. La única salida que tiene Víctor es morir o cumplir los años de condena; pero el juez Ernesto se siente conmovido con la condición de Víctor, pero no puede violar la ley.

Ernesto muestra misericordia por Víctor de la siguiente manera: el juez Ernesto tiene un hijo que él sabe que puede pagar la cantidad de dinero que se le exige a Víctor para quedar libre. Ernesto, entonces habla con su hijo Carter para que pague por el rescate o la libertad de Víctor.

Carter, el hijo del juez (Ernesto) dice: "si padre, lo haré como me has pedido". Carter entonces, en obediencia a su padre, paga la fianza, y Víctor es librado de la cárcel o de la muerte.

Esta es la historia de todos nosotros. Al igual que Víctor, violamos las leyes de Dios, y estábamos condenados a morir; tampoco podíamos pagar el precio de nuestro rescate y no había ningún ser humano competente para hacerlo. Entonces Dios tuvo misericordia de nosotros y habló con su hijo Jesús para que pagara el precio de nuestro rescate.

"Nos salvó, no por obras de justicia que nosotros hubiéramos hecho, sino por su misericordia por el lavamiento de la regeneración y por la renovación en el Espíritu Santo" **(Tito 3:5).**

Por la misericordia de Dios no recibimos el castigo que merecemos. Ahora bien, relacionando esto con el tema de la gracia, es impresionante. ¿Por qué? Bueno, porque cuando la misericordia de Dios impide que recibamos el castigo que merecemos, la gracia de Dios nos hace participar, disfrutar, recibir lo que no merecemos ni nos ganamos. Gloria a Dios, por Jesucristo.

"De manera que, teniendo diferentes dones, según la gracia que nos es dada, si el de profecía úsese conforme a la medida de la fe"
(Romanos 12:6).

Perdonados por gracia

Muchas personas suelen confundir la gracia y la misericordia de Dios, pensando que al hablar de una, se está al mismo tiempo hablando de otra, cuando no es así.

Entre los muchos significados que tiene la palabra "misericordia", uno de ellos es "virtud" que impulsa a ser benévolo en el juicio o castigo; esto no quiere decir que Dios no establece su justicia al hacer un juicio o le quita culpabilidad al que ha violentado su ley.

La ley de Moisés establecía que si una pareja era encontrada en la práctica del adulterio, que tanto el hombre como la mujer debían morir.

"Si un hombre cometiere adulterio con la mujer de su prójimo, el adultero y la adultera indefectiblemente serán muertos"
(Levíticos 20:10).

En el libro de Juan, **capítulo 8:3-11,** encontramos una fascinante e impresiónate historia de misericordia: Los maestros de la ley y los fariseos le llevaron a Jesús una mujer, a la que habían sorprendido cometiendo adulterio, y la pusieron en medio de todos los presentes, y les dijeron a Jesús: *Maestro, esta mujer ha sido sorprendida en el acto mismo de adulterio.*

En la ley, Moisés nos ordenó que se matara a pedradas a esta clase de mujeres. ¿Tú qué dices? Era una situación difícil, porque si Jesús decía: "no la maten", dirían entonces que Él estaba en contra de la ley, y esto podía causarle el apedreamiento. Pero si Jesús decía: "mátenla", entonces, lo acusarían de falta de piedad y misericordia. "Luego, como seguían preguntándole, se enderezó y les dijo:

"Aquel de ustedes que no tenga pecado, que le tire la primera piedra. Y volvió a inclinarse y siguió escribiendo en la tierra. Al oír esto, uno tras otro comenzaron a irse, y los primeros en hacerlo fueron los más

viejos. Cuando Jesús se encontró solo con la mujer, que se había quedado allí, se enderezó y le preguntó: Mujer, ¿dónde están? ¿Ninguno te ha condenado? Ella le contestó: Ninguno, Señor. Jesús le dijo: Tampoco yo te condeno; ahora, vete y no vuelvas a pecar"
(San Juan 8:7-11, versión Dios Habla Hoy).

La misericordia de Dios siempre está disponible para levantarnos todas las veces que fallamos o que caigamos. Pero Dios no quiere que vivamos cayendo, fallando y pecando, Él quiere que nos mantengamos firmes hasta el final. De eso se trata la misericordia de Dios, de darnos oportunidades para ser más excelentes en Él. Además, te recuerdo que pecar deliberadamente, hace que Satanás tome ventajas sobre nosotros.

Beneficios conquistados por gracia

Sabes por lo que digo que el tema de la gracia es uno de los menos comprendidos de la Biblia, es porque creemos que somos salvo por gracia, pero no que vivimos por gracia. Cada día debemos tratar de conocer más de la gracia, así apreciaremos lo que Dios hace continuamente en nosotros y por nosotros.

Otra de las cosas que debemos comprender es que la gracia de Dios es eterna. La dispensación de la gracia no es un período o una época en que aparece algo, sino más bien un período de administración espiritual donde Dios revela su favor a plenitud a través de la persona de Cristo.

Debemos entender también que la gracia de Dios no empezó en la cruz, sino más bien se manifestó en la cruz, porque Cristo es la mayor expresión de la gracia de Dios. Antes de tú nacer ya su gracia era para contigo, esto se revela en el pasaje que dice:

"Porque a los que antes conoció, también los predestinó para que fuesen hechos conforme a la imagen de su hijo para que el sea el primogénito entre muchos hermanos. Y a los que predestinó a estos también

llamó, a los que llamó a estos también justificó; y a los que justificó a estos también glorificó " **(Romanos 8:29-30).**

Lo que hoy vivimos es el resultado de lo que ya se dio en el pasado eterno de Dios. Los cinco verbos que aparecen en este pasaje están en tiempo pasado, este pasado no es un pasado cualquiera, se le llama pasado puntual. Este pasado indica algo que sucedió en el momento, pero queda establecido para siempre. ¡Cuán impresiónate es la gracia de Dios!

Si de algo debemos estar claro es de esto:

Si hoy estamos en Cristo es por su gracia.
Si estamos en pie o de pies; es por su gracia.
Si alguna capacidad hay en nosotros es por su gracia.
Si algo tenemos es por gracia.
Si algo hemos alcanzado y logrado es por su gracia.
Si algo poseemos es por su gracia.
Si algo hacemos es por su gracia.

Es muy importante que cada líder o ministro entienda esto. Porque a veces nuestros logros consecutivos nos pueden hacer pensar que es nuestra capacidad o habilidad, cuando todo es pura gracia.

"Porque Dios es el que en nosotros produce así el querer como el hacer, por su buena voluntad" **(Filipenses 2:13).**

La conquista de gracia es cuando Dios te da cosecha de donde no sembraste, ni cultivaste. Es cuando Dios te da pozos que tú no cavaste, como lo hizo con Isaac. Es cuando Dios rompe con el orden del sistema climático y te da en la sequía lo que solo se recibe en temporada de lluvia. Conquista de gracia es cuando Dios te sorprende y te coloca en lugares en los que tú ni te viste, ni deseaste, ni buscaste, ni pensabas estar, ni ganaste. El Señor lo hace para mostrarte que Él siempre va más allá de nuestras expectativas y limitaciones. Solo por su gracia.

La Gracia de Dios en el Edén

Como antes había dicho, la gracia de Dios no comienza en la cruz, sino más bien tuvo su manifestación en la cruz. La gracia de Dios es eterna, pero comenzó a identificarse con el hombre en el Edén.

Los versículos que vamos a mencionar a continuación confirman esto.

"Mas Jehová Dios llamó al hombre y le dijo: ¿Dónde estás tú? (V15) y pondré enemistad entre ti y la mujer, y entre tu simiente y la simiente suya; ésta te herirá en la cabeza, y tu le herirás en el calcañar. (V21) y Jehová Dios hizo al hombre y a la mujer túnica de pieles, y los vistió.

(V24) Echó, pues fuera el hombre, y puso al oriente del huerto de Edén querubines, y una espada encendida que se revolvía por todos los lados para guardar el camino del árbol de la vida" **(Génesis 3:9).**

Después que el hombre peca, su primera reacción ante Dios fue esconderse. Mientras que la primera reacción de Dios ante la caída del hombre fue volverlo a visitar. Dios sabía que el hombre le había fallado, pero volvió a visitarlo en el lugar de siempre. Eso es gracia de Dios. Lo siguiente que Dios hace es llamar a Adán, como una evidencia más de su gracia.

Dios comienza un juicio, pero antes de dictar la sentencia contra el hombre establece una palabra profética de restauración, indicando que aunque en el juicio el hombre va a ser condenado, será libertado por lo antes establecido; eso también se llama gracia de Dios.

Luego de esto Jehová los viste con pieles indicando así que hubo un sacrificio, apuntando así al sacrificio de Cristo en la cruz para cubrir nuestro pecado. Eso también es gracia de Dios.

Luego de terminar el juicio y dictar sentencia, Dios saca al hombre del huerto y pone ángeles guardianes para evitar que el hombre comiera del árbol de la vida; porque ya Dios había señalado algo mejor para el hombre: Jesucristo árbol de vida eterna. Esto también se llama gracia de Dios. Yo llamaría esto como Pablo lo llama: súper abundante gracia.
(2 Corintios 9:14).

Capítulo 7

¡Atrevete! Camina más allá de tus limitaciones

Jesús entró en Jericó y comenzó a atravesar la ciudad. Vivía allí un hombre rico llamado Zaqueo, jefe de los que cobraban impuestos para Roma. Este quería conocer a Jesús, pero no conseguía verlo porque había mucha gente y Zaqueo era pequeño de estatura. Por eso corrió adelante y, para alcanzar a verlo, se subió a un árbol cerca de donde Jesús tenía que pasar. Cuando Jesús pasaba por allí, miró hacia arriba y le dijo: Zaqueo, baja en seguida, porque hoy tengo que quedarme en tu casa. Zaqueo bajó aprisa, y con gusto recibió a Jesús **(Lucas 19:1-6, versión Dios Habla Hoy).**

Todos en nuestras vidas tenemos algunas limitaciones. A veces son limitaciones que algunos nos han puesto, otras que el pasado nos puso, diciéndonos: *"nunca pasarás de ahí, estarás atrapado en mi jaula de fracaso. Te tengo limitado a mis inmediaciones, no podrás ir mas allá".* Muchas de estas limitaciones no las hemos puestos nosotros mismos y las mantenemos diciendo: "no puedo, me criaron así, y como me criaron así, debo quedarme así; no sé, no me lo enseñaron, es tan difícil, yo quisiera pero... nadie me entiende, nadie me ayuda, yo nací para sufrir, siempre todo me sale mal, y por eso no... si no fuera por... yo sería... yo fuera, yo hiciera".

Si algunas de estas expresiones se identifican contigo, entonces Dios ha comenzado a hablarte, y creo que todas las limitaciones y fronteras que te has puesto serán quitadas ahora en el nombre poderoso de Jesucristo.

Tenemos otras limitaciones que nos las ha impuesto Satanás, haciendo fracasar nuestros proyectos, bloqueando las cosas y los pasos que emprendemos en Dios y en nuestra vida personal. Y a veces nos dice: "no te levantarás mas, no pasarás de ahí". Ante esta situación es oportuno que memorices este versículo que dice:

"De Jehová es la tierra y su plenitud; el mundo y los que en el habitan"
(Salmo 24:1).

Este versículo me dice que todo es de Jehová, la tierra es de Él, y por tanto tú no tienes límites.

El dueño del cielo y la tierra es el que te dice avanza, no te detengas, conquista por cuanto eres mi hijo, eres también heredero de todo lo mío.

Para nosotros romper con todas esas limitaciones que nosotros nos hemos puesto, que el pasado nos ha puesto y que Satanás nos ha puesto, necesitamos fe en Dios, necesitamos la actitud de Zaqueo. No la actitud que lo impulsaba a ser recaudador de impuesto y usurero; sino más bien, la actitud que lo hizo ir mas allá de sus limitaciones.

Lucas nos enseña que cuando Jesús entró a Jericó, pasaba por la ciudad y un varón llamado Zaqueo procuraba verle; pero Zaqueo tenía varias cosas que lo limitaban:

En primer lugar: *su trabajo o profesión*
Segundo lugar: *sus compatriotas no querían saber de él.*

Tercer lugar: *los discípulos no permitirían a un hombre de esa índole acercarse a su santo maestro.*
Cuarto lugar: *la multitud que iba detrás de Jesús.*
Quinto lugar: *su estatura.*

Es interesante observar que Zaqueo no comenzó a quejarse ante sus limitaciones diciendo: "No puedo, la gente me odia, me tienen por traicionero, hay mucha gente, sus discípulos no me permitirán verle, soy muy pequeño, me rindo!, no, no, no"; el no dijo así. Ahora me imagino verlo pensar y decir en voz baja, ¿que haré?... ¿que haré?... ¿que haré?... Quiero verle pero tengo muchos impedimentos, muchas limitaciones. Ah, ya sé que hacer, voy a violentar mis limitaciones, correré, mas adelante, me subiré a un sicómoro, y así veré a Jesús cuando pase".

Ve más allá ¡Atrévete!

En este tiempo Dios está inquietando personas a ir más allá del límite, también a ti te está inquietando. Ahora has como hizo Zaqueo, que cuando no podía dijo: "yo puedo". Ahora quiero que te detengas por un momento, mira a tu alrededor, observa tu mundo físico y tu mundo espiritual y piensa en las limitaciones que tienes, en los obstáculos que tienes, en aquello que te impide dar lo que Dios quiere que tú des, ó recibir lo que Dios quiere darte, y hacer lo que Dios quiere que tú hagas.

Algunos de esos obstáculos que crees tener pueden ser: tus finanzas, tu nivel académico, nacionalidad, tu color, etc.

Pero en el nombre de Jesucristo, al igual que Zaqueo, tu puedes violentar tus limitaciones. Zaqueo no era puro, pero su nombre significaba "puro", esto quiere decir que aunque no era puro, aunque era publicano, aunque era traicionero, engañador, Dios lo había marcado para encontrarse con su hijo Jesús. Cuando Jesús llegó a Zaqueo y él recibió la revelación del significado de su nombre, dijo: *"a los que yo he engañado se lo devuelvo cuadruplicado, la mitad de mis bienes daré a los pobres"*.

Aunque Zaqueo había sido marcado por Dios, él tuvo que hacer algo, y fue violentar sus limitaciones para ver al Maestro. Jesucristo dijo:

"Desde los días de Juan el bautista hasta ahora, el reino de los cielos sufre violencia, y los violentos lo arrebatan" **(Mateo 11:12)**.

Las cosas buenas no se reciben fácil. Así que piensa que todo lo de Dios es bueno, de manera que tendrás que atreverte a violentar lo que te limita, para subirte a tu sicómoro. (Un sicómoro era un árbol de higo de menor calidad que el higo común, pero, que también era importante para los judíos, y al ser un árbol frondoso proporcionaba mucha sombra).

Por eso solían sembrar este tipo de árbol al lado de los caminos para que les proporcionara sombra a los caminantes. Por eso Zaqueo se adelantó y subió a uno de ellos porque sabía que Jesús iba pasar por allí.

Este árbol (ficus sycomurus) que también recibe el nombre de higuera moral, es fuerte y puede vivir varios cientos de años.

El tronco corto y robusto echa ramas enseguida y las mas bajas brotan cerca del suelo, lo que lo convirtió en árbol idóneo para que un hombre de baja estatura como Zaqueo pudiera subir a el para ver a Jesús cuando pasara.

Quiero que sepas que lo que Dios ha puesto en ti es mayor y más poderoso que todas tus debilidades, que tus caídas, que tus imperfecciones y que tus limitaciones. Por eso te digo:

"Hoy levántate con fe en el nombre de Jesucristo, creyendo que si otros se levantaron, si otros han triunfado, tú también triunfarás, si otros han alcanzado cosas grandes en Dios, tú también lo alcanzarás con el poder de su Espíritu".

Si fallan las fuerzas, vamonos por la estrategia

Entró Jesús otra vez en Carpernaum después de algunos días; y se oyó que estaba en su casa. E inmediatamente se juntaron muchos, de manera que no cabían ni aun en las puertas; y les predicaba la palabra.

"Entonces vinieron a Él unos trayendo un paralítico que era cargado por cuatro. Y como no podían acercarse a Él a causa de la multitud descubrieron el techo de donde estaba, y haciendo una abertura, bajaron el lecho en el que yacía el paralítico. Al ver Jesús la fe de ellos, dijo al paralítico: Hijo tus pecados te son perdonados" **(Marcos 2:1-5).**

Una de las cosas que debemos pedirle a Dios en oración es una mentalidad estratégica. La mayoría de veces la estrategia es mejor que la mucha fuerza. ¿Por qué hablo de pedirle a Dios? Porque la estrategia es una iluminación que el Espíritu de Dios trae a nuestro espíritu para hacer las cosas bien en el momento indicado. Entonces dije yo:

"mejor es la sabiduría que la fuerza, aunque la ciencia del pobre sea menospreciada, y no sean escuchadas sus palabras"
(Eclesiastés 9:16).

Una mentalidad estratégica responde a una actitud que no tiene límite. El conquistador con mentalidad estratégica, aun cuando la vida y los que les rodean les pongan límites, él empleará sus estrategias para romper y violentar esas limitaciones. Recuerda que la limitación más grande y fuerte es la que uno mismo se pone. Tu límite te lo pones tu, así es que, si tú no te pones límites, tú no tienes límite.

Lo que Dios ha puesto en ti es mayor y más fuerte que todo lo que puedas pasar. La unción de Dios en ti es suficiente para podrir cualquier yugo que el diablo te ponga. El poder de Dios en ti es tan fuerte que puede desaparecer cualquier barrera y obstáculo que el diablo te ponga. La gracia de Dios es tan fuerte sobre ti que puede darte heredad en tierra ajena, el favor de Dios es tan real en tí que pone el mundo a tu favor. Esto quiere decir que tú no tienes límite.

Si tú cuentas con la unción de Dios, el poder de Dios, la gracia de Dios, y el favor de Dios, entonces, ¿qué o quién puede detenerte?

El evangelista Marcos nos dice que Jesús estaba en Capernaum y que cuando las gentes identificaron su ubicación se juntaron, de tal manera que no cabían.

La historia menciona a cuatro hombres que tenían un amigo paralítico, que no solamente querían llevarlo, sino, que tenían que llevarlo a Jesús.

Ahora su mayor obstáculo, ¿cuál era?: La gente, que era tanta que no cabían en la casa, ni en la puerta. Pero aquellos hombres no se rindieron.

Este es el problema de muchas personas, se rinden antes del golpe, se detienen ante el primer obstáculo, se devuelven ante la primera amenaza.

Aquellos hombres buscaron estrategia para ir más allá de las limitaciones que ellos tenían. Ellos abrieron el techo y lograron su milagro.

A ti Dios te está desafiando y te está diciendo: "no te quedes mirando la multitud, ni la uses como excusa. Hay una estrategia y es romper el techo. Yo tengo personas que te van a ayudar a romperlo, solo decídete y hazlo. Trae tu parálisis y tus debilidades ante mí que yo quiero glorificarme en ti: perdonándote, amándote y fortaleciéndote". Dios les hace un llamado a todos diciéndoles: "nunca, nunca se rindan".

Lo que no te funciona de una forma, inténtalo de otra. Si no te funciona sigue intentándolo buscando o usando nuevas estrategias. Lo que Dios no quiere es que tú te detengas. Violenta tus limitaciones y sigue hacia delante, porque Dios no tiene limitaciones, y Dios está dentro de ti a través de su Espíritu. Si eres parte de una generación sin límites y sirves a un Dios sin límites, tendrás que atreverte a hacer cosas sin límites. Atrévete a hacer cosas extraordinarias porque tu Dios es un Dios extraordinario y tus actos extraordinarios lo activan. El éxito y las bendiciones extraordinarias son para un solo tipo de personas, y estos son los extraordinarios.

Vientos que elevan

No permitas en el presente que las limitaciones del pasado te impiden avanzar al glorioso futuro que te espera. Para no vivir hoy lo de ayer, y mañana lo de hoy, hay que romper con el pasado.

Lo de romper con el pasado no es algo que se da con un simple pensamiento, es una decisión de la voluntad, de comenzar de nuevo, sin importar el pasado, viviendo el presente enfocado en el futuro. Recuerda que hay oportunidades que la vida nos la da, repetidas veces, pero hay oportunidades que no se repiten.

Nosotros con nuestro finito entendimiento no tenemos la capacidad de saber cuáles oportunidades se repiten y cuáles no. Entonces la visión es aprovechar todas las oportunidades que Dios nos da. Para esto necesitamos que Dios nos de espíritu de guerrero para violentar las limitaciones.

Es muy importante también que sepas, que cada limitación u obstáculo que se te presenta en el camino, no es más, ni menos, que la oportunidad para descubrir capacidades, virtudes, talentos, destrezas, potenciales, fuerzas escondidas y dones.

Nunca sabrás quien eres y lo que eres capaz de hacer, hasta que no se te presente una situación que tú nunca hayas vivido ni enfrentado.

"Jehová el Señor es mi fortaleza, el cual hace mis pies como de ciervos, y en mis alturas me hace andar " **(Habacuc 3:19).**

El profeta dice que el Señor lo hace andar en alturas, yo creo que también como el Señor hizo al profeta caminar en alturas, a nosotros también el Señor nos hace caminar en las alturas. Pero también debemos saber que no tenemos alas para volar; entonces eso quiere decir que el viento es el instrumento que Dios usa para elevarnos.

Que maravilloso es saber que mientras más fuerte sean los vientos, mas alto nos elevan y mientras más alto volamos, mas cerca estamos de Dios.

"El que se cubre de luz como de vestidura, que extiende los cielos como una cortina, que establece sus aposentos entre las aguas, el que pone las nubes por carroza, el que anda sobre las alas del viento"
(Salmos 104: 2-3).

Capítulo 8

El doble de todo

Aconteció que cuando quiso Jehová alzar a Elías en un torbellino al cielo, Elías venía con Eliseo de Gilgal. Y dijo Elías a Eliseo: Quédate ahora aquí, porque Jehová me ha enviado a Betel. Y Eliseo dijo: Vive Jehová, y vive tu alma, que no te dejaré. Descendieron, pues, a Betel. Y saliendo a Eliseo los hijos de los profetas que estaban en Betel, le dijeron: ¿Sabes que Jehová te quitará hoy a tu señor de sobre ti? Y él dijo: Sí, yo lo sé; callad.

Y Elías le volvió a decir: Eliseo, quédate aquí ahora, porque Jehová me ha enviado a Jericó. Y él dijo: Vive Jehová, y vive tu alma, que no te dejaré. Vinieron, pues, a Jericó. Y se acercaron a Eliseo los hijos de los profetas que estaban en Jericó, y le dijeron: ¿Sabes que Jehová te quitará hoy a tu señor de sobre ti? El respondió: Sí, yo lo sé; callad.

Y Elías le dijo: Te ruego que te quedes aquí, porque Jehová me ha enviado al Jordán. Y él dijo: Vive Jehová, y vive tu alma, que no te dejaré. Fueron, pues, ambos.

Y vinieron cincuenta varones de los hijos de los profetas, y se pararon delante a lo lejos; y ellos dos se pararon junto al Jordán. Tomando en-

tonces Elías su manto, lo dobló, y golpeó las aguas, las cuales se apartaron a uno y a otro lado, y pasaron ambos por lo seco. Cuando habían pasado, Elías dijo a Eliseo: Pide lo que quieras que haga por ti, antes que yo sea quitado de ti. Y dijo Eliseo: Te ruego que una doble porción de tu espíritu sea sobre mí **(2 Reyes 2:1-9).**

Lo primero que quiero que tomes en cuenta de esta impresionate historia es el versículo uno que dice: *"cuando Jehová quiso alzar a Elías en un torbellino".*

Quiero que señalemos aquí el término "quiso", pasado del verbo "querer", esto indica que en el corazón de Dios hay un querer conectado a su bien para nosotros.

Dios quiere alzarnos y llevarnos a otro lugar en las esferas espirituales. Dios quiere trasladarnos a otro habitad espiritual.

Este querer de Dios encierra muchas cosas, tales como: Dios quiere tu bien, y no tu mal, Dios quiere tu prosperidad y no tu miseria, Dios quiere abundancia para ti, y no escasez, Dios quiere que te multipliques, y no que seas estéril.

Dios quiere tu santidad, y no mundanalidad; Dios quiere tu salud, no tu enfermedad; Dios quiere tu crecimiento, no que tu te detengas; Dios quiere tu fe, no incredulidad; Dios quiere tu paz, no turbación; Dios quiere tu pasión y amor por Él, no tu obligación.

Dios quiere bendecirte en todo tiempo, no solo en algunas temporadas, Dios quiere llevarte a otro nivel de gloria, no que te acostumbres al lugar donde estás, Dios quiere darte lo mejor de la tierra, y no lo peor.

Dios quiere que te extiendas a lo largo y ancho de tu ciudad, país y el mundo, no que te quedes en el mismo lugar. Dios quiere prosperar tu ministerio, tu casa, tu familia, tu negocio, tu empresa, tu iglesia, y tu finanza.

El hecho es que no queremos, y si queremos, nos negamos a ubicarnos en el lugar donde ha de pasar el tren de Dios con nuestra bendición.

"Vino a él un leproso, rogándole; e hincado de rodillas, le dijo: si quieres, puedes limpiarme. Y Jesús teniendo misericordia de él extendió la mano y le tocó, y le dijo: quiero, sé limpio".
(Marcos 1:40-41).

También esta historia nos enseña que Dios siempre quiere nuestro bien. Sin embargo, en ambas historias hubo decisiones que ambos sujetos tuvieron que tomar. El leproso tuvo que tomar la decisión o determinación de venir a Jesús, rogar a Jesús, hincarse ante Jesús, y decirle a Jesús: "límpiame". Hay personas que tienen que tomar decisiones, y están esperando que sea Dios quien las tome por ellos. Mientras que Dios les está diciendo: *"te he dado la capacidad de elegir y decidir".*

Solo tienes que decidir por que tienes mi Espíritu que habla a tu corazón y a tu mente y mí Palabra para señalarte mi camino. Al igual que el leproso, tanto Elías como Eliseo tuvieron que tomar decisiones. Elías para ser arrebatado en el torbellino, y Eliseo para recibir el doble de lo que tenía Elías. Veremos a continuación algunas de las decisiones que ambos tuvieron que tomar.

Moviéndonos en el torbellino

Siguiendo la misma secuencia del versículo uno que dice: *"Aconteció que cuando quiso Jehová alzar a Elías en un torbellino al cielo".*

Lo siguiente que quiero señalar aquí, es que cuando Dios quiere hacer algo; Dios mismo determina la forma, el momento y la manera de hacerlo. A veces queremos que Dios haga cosas a través de nosotros, pero queremos nosotros escoger la forma. Cuando tu vas hacer algo, tú eliges la forma de hacerlo, pero cuando es Dios, la forma le corresponde elegirla a Él. Aquí se nos enseña la forma en que Dios decide levantar a Elías al cielo: en un "Torbellino".

¿Qué es un torbellino? Es un remolino de viento que se forma por el encuentro de corrientes de aires de dirección opuesta. Ahora hablemos un poco de los vientos.

La Biblia dice que Dios:

"...Establece sus aposentos entre las aguas, que pone las nubes por carroza, que anda sobre las alas del viento, que hace a los vientos sus mensajeros y a las flamas de fuego sus ministros" **(Salmos 104:3-4).**

"Jehová es tardo para la ira y grande en poder, y no tendrá por inocente al culpable. Jehová marcha en la tempestad del torbellino, y las nubes son el polvo de sus pies" **(Nahum1:3).**

"Y miré, y he aquí venía del norte un viento tempestuoso, y una gran nube, con fuego envolvente, y alrededor de Él un resplandor como bronce refulgente" **(Ezequiel 1:4).**

"Y de repente vino del cielo un estruendo como de un viento recio que soplaba, el cual llenó toda la casa en donde estaban sentados" **(Hechos 2:2).**

Hemos presentado algunos textos que relacionan a Dios con con el viento o con los vientos.

A continuación algunos textos que identifican vientos opuestos a Dios. Todo esto es para darte luz y conectarte con lo que Dios quiere enseñarte.

"Un gran viento vino del lado del desierto y azotó las cuatro esquinas de la casa, la cual cayó sobre los jóvenes, y murieron; y solamente escapé yo para darte la noticia" **(Job 1:19).**

"Y viéndoles remar con gran fatiga, porque el "viento" les era contrario, cerca de la cuarta vigilia de la noche vino a ellos andando sobre el mar, y quería adelantárseles" **(Marcos. 6:48).**

Debemos recordar siempre que el que cabalga sobre las alas de los vientos va con nosotros. De igual manera, debemos recordar que siempre vendrán vientos en dirección contraria (opuesta) a nuestra dirección, con propósitos de detenernos, aplastarnos, destruir nuestra familia, nuestro ministerio, planes y proyectos.

Es impresionante saber que los vientos contrarios, al chocar contra nosotros, van a provocar "torbellinos". El torbellino es el transporte que Dios utiliza para mover y trasladar a sus siervos fieles. Así que yo se que soplarán vientos   contra tu embarcación, pero son necesarios. No temas, no te turbes porque sin vientos de direcciones opuestas no hay torbellino, y sin torbellino no hay traslado.

Si en algún momento de tu vida has visto un torbellino, te será muy fácil entender lo que voy a decirte a continuación.

Cuando se encuentran dos vientos de direcciones opuestas, en ese mismo momento se forma un remolino.

En el momento del remolino, Satanás cree que tu estás en medio del remolino dando vueltas, girando aceleradamente, pero en el mismo lugar; él cree que ya tu estás mareado de los giros del remolino; pero él no sabe que en el mismo momento que se forma el remolino; entra lo de Dios: "torbellino", que es el transporte de Dios para sacarte de en medio del remolino y llevarte a un lugar más alto.

Para mí un torbellino es la mano de Dios irrumpiendo en el remolino para sacar a sus hijos. Gracias a Dios que nunca nos deja solos, siempre está con nosotros. Jamás olvides que los vientos contrarios provocan cambios de posición, de lugar y de dimensión.

Las tormentas siempre provocan que tú despiertes al Jesús que tú tienes durmiendo. La sequía va a provocar que Dios envíe lluvia sobre tu tierra. La escasez va a provocar que tu Dios traiga abundancia. Las enfermedades provocan la manifestación del poder de Dios obrando milagros, a todo esto lo llamo: Torbellino divino o intervención divina en situaciones difíciles.

Capítulo 9

Saliendo del círculo de Gilgal

Cuando Dios determinó llevarse a Elías al cielo, Elías tuvo que dar algunos pasos, y el primero fue moverse de Gilgal, salir de Gilgal y dejar a Gilgal ¿Por qué hay que salir de Gilgal y qué significa Gilgal? Gilgal significa "círculo".

En un círculo o ronda, por más que te muevas, tu caes en el mismo lugar y pisas siempre el mismo lugar.

¿Por qué hay que salir de Gilgal? porque Gilgal representa la vida rutinaria, la religión sin relación, religión sin Dios, expresión sin devoción.

Gilgal representa la vida de repetición, el mismo mensaje y la misma canción.

En Gilgal sucedieron varias cosas:

Uno: donde por primera vez los Israelitas acamparon dentro de Canaán tras pasar el Jordán *(Josué 4:19).*

Dos: allí fueron circuncidados los varones que habían nacido en el desierto.

Tres: cesó el maná.

Cuatro: Josué usó a Gilgal como base de operaciones.

Cinco: fue donde por primera vez comieron del fruto de la tierra después de 40 años.

Seis: la repartición de la tierra comenzó en Gilgal.

Siete: mas tarde Saúl fue proclamado Rey en Gilgal, en un sentido espiritual podríamos decir que Gilgal es un lugar de impartición, por eso no podemos quedarnos ahí. Por que Dios nos imparte para que salgamos. Pero de todos los acontecimientos en Gilgal nos vamos a detener por un momento en este último, que vamos a mencionar a continuación.

Ocho: Fue donde por primera vez celebraron la "pascua" después que salieron de Egipto.

La pascua es una de las principales fiestas de los israelitas

La palabra pascua en castellano viene del griego "pazca" que significa "tránsito", también pascua significa pasar por alto, pasar de largo; por que cuando el Señor hería a Egipto en sus primogénitos, en las casas donde los dinteles estaban teñidos de sangre pasaba de largo y no tocaba a sus primogénitos.

Yo creo que por eso muchas personas tienen toda una vida en Gilgal; en el mismo círculo repitiendo la misma historia del pasado.

Ahora bien, ¿Por qué?, porque no se han detenido a celebrar la pascua en Gilgal, Dios no permitirá que salgas de Gilgal a un lugar mejor (Betel), hasta que no celebres la pascua, y pases por alto las ofensas de tus hermanos.

Para mi, uno de los pecados que mas afecta a la iglesia de hoy tiene que ver con los sentimientos. Hay muchas personas ministrando, cantando y predicando con odio y raíces de amargura en el corazón. Por eso es que hacemos mucho y rendimos poco, nos movemos mucho, aceleramos fuerte, pero avanzamos poco.

Antes de intentar avanzar más, debemos celebrar la pascua en Gilgal. Porque, pascua significa, en primer lugar, aceptar el perdón de Dios para nuestras vidas, y luego perdonar a los que nos han ofendido y pasar por alto sus ofensas.

Dios nos invita a aprovechar este tiempo de avance, de gloria, de éxito, de conquista y de crecimiento espiritual que él nos está dando ahora, pero debemos tomar la decisión de perdonar, (perdonar es una decisión) y sacar todo el peso de sentimientos negativos que haya en nuestra vida. Para así poder caminar con lealtad hacia lo próximo que nos espera. "Gloria a Dios".

Hay iglesias que tienen que salir de Gilgal para que la gloria de Dios vuelva a manifestarse en los cultos, (servicios o reuniones). Porque Dios no se mueve en cultos rutinarios, sin esencia.

La rutina se está llevando la esencia de los servicios, yo creo que nuestros programas rutinarios están impidiendo al Espíritu a hacer cosas nuevas y maravillosos en nuestras reuniones.

Después de un servicio, nosotros nos saludamos con alegría por el servicio concluido, pero yo imagino ver contristado el Espíritu Santo diciendo: "Hicieron todo conforme a lo que ellos están acostumbrados a hacer, pero no me dejaron hacer nada de lo nuevo que yo traía del Padre". Dios nos está llamando a salir de Gilgal, del círculo de la religiosidad y del prejuicio para permitir que el Espíritu Santo obre como en la iglesia primitiva, haciendo cosas nuevas en cada servicio.

Es muy probable que yo esté hablando ahora mismo con alguien que todos los años repite la misma historia, te caes y te levantas, te caes y te levantas, te caes y te levantas; Dios te dice:

Te saco de Gilgal, de ese círculo de repetición de caídas y te llevo a Betel. Solo tienes que hacer una decisión de voluntad, no me des una parte de ti, te quiero completo.

Del círculo de Gilgal a la luz de Betel

"Y dijo Elías a Eliseo: quédate ahora aquí, porque Jehová me ha enviado a Betel. Y Eliseo dijo: Vive Jehová, y vive tu alma, que no te dejaré. Descendieron, pues, a Betel" **(2Reyes 2:2).**

Cuando tú dices: "me niego a ser el mismo, me niego a quedarme en el mismo lugar, me niego a quedarme en Gilgal, en este año, me niego a repetir la historia del año pasado, me niego y me niego". Y dices: "tengo que cambiar, voy avanzar, debo crecer, es tiempo de multiplicarme, seré diferente". Dios entonces te promueve de un lugar a otro, y de una gloria a más gloria.

Ahora Elías y Eliseo se encuentran en Betel. ¿Qué significa "Betel"? Betel significa casa de Dios. Este fue el nombre que Jacob le puso, porque Dios le dio sueños allí; pero antes se llamaba "luz".

Ahora Eliseo se encuentra en Betel, el lugar que antes se llamaba "luz", palabra que podemos asociar con iluminación y revelación. Es el lugar donde recibimos revelación o rehma de la Palabra de Dios.

Luz es el lugar donde la gente se admira de nuestra capacidad para desglosar un texto, donde descubrimos los misterios de la Biblia, y la gente dice: *"que tremendo, que impresionante, que palabra, que revelación, que iluminación"*.

Todo lo antes mencionado no es malo, pero jamás permitas que eso se convierta en tu punto final. Dios siempre tiene algo mayor.La importancia de pasar por Betel es que Betel es el lugar de los sueños. Es el lugar donde el corazón y los propósitos de Dios nos son revelados en el momento más difícil de nuestra vida.

El patriarca Jacob llegó a Betel *(Génesis 28)* y allí Jehová le dio sueños. Para mí el momento más difícil de la vida de Jacob, era ese momento, cuando huía de su hermano Esaú, no tenía un destino específico, caminaba con un futuro incierto. No solo había engañado a su hermano, sino también a su papá, disfrazándose con piel de oveja.

Hay muchas personas que están detenidas en Betel, solo con sueños y en sueños. Sueñan pero no hacen nada para lograr sus sueños.

Dicen: "voy hacer" y nunca hacen, "voy a... quiero... me gustaría, pero... tengo que, pero...". Hay personas que desde niños soñaron una cosa y llegaron a la adultez y murieron sin haber llegado a lograr tal sueño. Sencillamente porque soñaron y se quedaron en el lugar de los sueños y nunca se movieron al lugar donde Dios convierte o hace los sueños realidad.

Dios tiene un lugar para dar sueños y tiene otro lugar para cumplir los sueños. Hay personas que están tan cargadas de sueños que no se pueden ni siquiera mover hacia el lugar o terreno donde Dios hace realidad los sueños. Uno de los nombres que puedo dar a ese lugar es: zona de acción. Trata de no soñar más de lo que Dios quiere que sueñes.

"Donde abundan los sueños, también abundan las vanidades y las muchas palabras; mas tú, teme a Dios"
(Eclesiastés 5:7).

Jamás permitas que tus muchos y grandes sueños se conviertan en tu punto final. Dios siempre tiene algo mejor.

De la luz de Betel a las alturas de Jericó

"Y Elías le volvió a decir: Eliseo, quédate aquí ahora, porque Jehová me ha enviado a Jericó. Y el dijo: vive Jehová y vive tu alma que no te dejaré, vinieron pues, a Jericó" **(2Reyes 2:4).**

Aquí vemos que Eliseo se niega a quedarse en el lugar de los sueños (Betel). Pasó Gilgal que es el lugar de rompimiento con el ayer, y la historia de Egipto (lugar de aflicción) y del desierto. Llegó a Betel, lugar de los grandes sueños y experiencias. Pasó Betel, y ahora está en Jericó.

¿Qué significa Jericó? Jericó significa: "ciudad de las palmeras", las palmeras son símbolo de alturas. También otro significado que tiene Jericó es "ciudad de la luna". Aquí la luna es un símbolo de luz, brillo y altura. Hay personas que se están quedando y conformando con el brillo que tienen y con la altura que tienen. Para mi, Jericó también es lugar protegido, y lugar de privilegios. Elías pidió a Eliseo quedarse en Jericó, mas Eliseo se negó a quedarse en Jericó.

Cuántas personas deciden quedarse en las alturas de Jericó, en el brillo de Jericó, en la gloria de Jericó, en la fama de Jericó, en los privilegios y lujos de Jericó, y han convertido lo que han visto en su punto final. No permitas que las atracciones y privilegios de Jericó te pongan una frontera, cuando el Señor ya te entregó los confines de la tierra.

Nunca, pero nunca permitas que la gloria de Jericó se convierta en tu punto final, porque Dios tiene una gloria mayor, mayores privilegios para ti, que lo que has alcanzado.

El que cree haberlo alcanzado todo, no ha alcanzado nada, porque Dios siempre va más allá de nuestras expectativas.

Lo que es tu punto final, no es ni siquiera el punto de partida de Dios. Debemos recordar que la gloria en este mundo, la fama en este mundo es pasajera y por eso es que cada día debemos buscar las cosas que dan frutos para vida eterna. Lamento tener que decir esto, pero tengo que decirlo; y es que hay muchos ministerios que llegaron a Jericó y se encontraron con la fama de Jericó, la gloria de Jericó, los privilegios de Jericó, los lujos de Jericó, las alturas de Jericó, el brillo de Jericó, las comodidades de Jericó, y se han dicho: "esto era lo que yo quería, aquí quería yo llegar, de aquí no me muevo, llegué a mí punto final".

Debemos saber que Jericó no es el todo de Dios, no es lo mejor de Dios, mas allá de Jericó hay una bendición espiritual que afectará tu mundo material y espiritual.

De las alturas de Gericó a las hondanadas del Jordán

"Y Elías dijo: te ruego que te quedes aquí, porque Jehová me ha enviado al Jordán. Y el dijo: vive Jehová, y vive tu alma, que no te dejaré. Fueron, pues, ambos" **(2Reyes 2:6).**

Eliseo se niega a quedarse en las alturas de Jericó y ahora se encuentra en frente del Jordán. ¿Qué significa Jordán? Jordán significa "el que desciende".

Aquí hay una enseñanza impresionante para nosotros, y es que la altura de Jericó es buena, pero no es el punto final de Dios.

Mas allá de la gloria de Jericó, Dios tiene una gloria mayor; pero para recibirla hay que descender, y eso es lo que muchos de nosotros no estamos dispuestos a hacer.

Nadie quiere perder la gloria que tiene; pero tampoco, nadie puede recibir la gloria de Dios, si primero no abandona su gloria.

Cuando tú dejas tu ambiente de gloria, comienzas a entrar a la atmósfera de la gloria de Dios.

Muchos de los hombres de la Biblia tuvieron que perder su gloria para recibir la gloria de Dios. Abraham tuvo que abandonar su gloria dejando a su parentela.

"Pero Jehová había dicho a Abraham: vete de tu tierra y de tu parentela y de la casa de tu padre, a la tierra que te mostraré" ***(Génesis 12:1).***

Para Abraham entrar a la atmósfera de la gloria de Dios, tuvo que abandonar el ambiente de gloria más importante para un oriental, el cual consiste en su tierra, parentela (familiares) y la casa de su padre, que implicaba perder su herencia paterna. Después que Abraham abandona su gloria, tuvo que caminar un momento sin gloria.

Eso es lo que mucho de nosotros no estamos dispuestos a hacer: dejar nuestro ambiente de gloria y caminar un tiempo sin gloria para luego recibir más gloria.

Queremos salir de una gloria en la mañana y en la tarde llegar a más gloria. Hay que sufrir el dolor de la pérdida de gloria, para recibir el gozo de la nueva gloria.

Cuando tú crees tenerlo todo, no tienes nada, por que hay una Sara a tu lado que es estéril, que no da hijos. Por eso Dios quiere llevarte a la atmósfera donde lo estéril se fertiliza, donde lo que no produce comienza a producir, donde lo imposible se hace posible. Después que Abraham abandona su gloria, Dios se le apareció, Dios le cambio el nombre (de Abram a Abraham), Dios fertilizó la matriz de Sara, la que no podía producir.

El mismo Jesús tuvo que sufrir en la cruz del calvario el dolor de la pérdida de la gloria de su Padre, pero luego recibió la gloria de resurrección y la gloria de ascensión.

El Jordán también es el lugar donde se desciende leproso, y allí las lepras desaparecen.

Naamán, general del ejército del rey de Siria, era varón grande delante de su señor, y lo tenía en alta estima, porque por medio de él ha-

*bía dado Jehová salvación a Siria. Era este hombre valeroso en extremo, pero era leproso **(2 Reyes 5:1).***

A veces estamos en alturas, pero leprosos. A veces como Naamán somos de mucha estima ante los demás, pero leprosos. A veces somos muy valeroso, pero leprosos. A veces tenemos mucho éxito, pero leprosos. A veces tenemos mucho rango espiritual, pero estamos llenos de lepra.

Por eso y mucho más necesitamos descender al río Jordán para que Dios quite nuestra lepra, y nos convierta en verdaderos ministros. A Dios no le interesan tanto nuestros logros, como nuestra condición delante de Él.

Dios quiere que seamos ministros exitosos, pero sin lepra. Yo creo que si fuéramos sinceros o si Dios nos revelara nuestra realidad, tendríamos todos que venir o descender al Jordán para enfrentar nuestra condición leprosa.

El Jordán es el lugar donde lo sobrenatural comienza a ocurrir. El río Jordán tiene algo que usted debe saber, y es que el Jordán tiene pocos vados, es decir, lugar por donde cruzar. Ahora bien, el lugar donde estaban Elías y Eliseo, ahí no había vado, por ahí se necesitaba un milagro para poder cruzar.

Es importante notar que en ninguno de los lugares había ocurrido milagros o hechos sobrenaturales. Ellos salieron de Gilgal, lugar de llamamiento, y rompimiento, pero no pasó nada sobrenatural. Llegaron al lugar de los sueños, pero no sucedieron milagros. Se movieron de allí hasta Jericó, lugar de altura, fama y privilegios, pero no pasó nada sobrenatural allí. Luego se movieron al Jordán, lugar donde se desciende, lugar de pocos cruces, (lugar donde cruzar) y es allí donde las cosas sobrenaturales comienzan a acontecer.

Lo primero que sucede es que las aguas del Jordán obedecen el toque del manto de un profeta, y se divide para dar paso a lo más trascendental de la vida de ambos. ¿Para que sirven los sueños si Dios no está? ¿Para que la fama, la gloria, la altura de Jericó sin lo sobrenatural? Si queremos experimentar lo sobrenatural de Dios, descendamos al Jordán, lugar de humillación.

Herencia espiritual

Después de cruzar el Jordán, Elías le dice a Eliseo:

"Pide lo que quiera que haga por ti, antes que sea quitado de ti. Eliseo le dijo: que una doble porción de tu espíritu sea sobre mí. Elías le contestó: cosa difícil has pedido"
(2 Reyes 2:9-10).

Lo primero que debemos señalar aquí es la persistencia de Eliseo. Nunca se detuvo, a pesar de Elías pedírselo. No se cansó, siempre se mantuvo persiguiendo su objetivo. Con frecuencia nosotros emprendemos con mucho fervor un objetivo, pero nos rendimos en la mitad del camino. Recuerda siempre que una de las clave del éxito es la persistencia. Eliseo pide doble porción, y Elías responde cosa difícil has pedido. ¿Por qué? Bueno, primero, porque Eliseo pidió herencia de primogénito; segundo, Elías sabía que el doble de una herencia espiritual solo Dios lo podía dar. Aunque la Biblia no nos dice de que Elías haya tenido hijos y esposa, lo cierto es que Eliseo no fue el primer "siervo" o criado de Elías.

"Viendo pues el peligro se levantó y se fue para salvar su vida y vino a Berseba que está en Judá, y dejó allí a su criado"
(1Reyes 19:3).

La pregunta es: ¿Cómo Eliseo pide doble porción, conociendo él la costumbre de su época? Eliseo sabía que Elías no tenía hijos, entonces él entendía que por la relación que él tenía con su Señor lo calificaba para la bendición de primogénito.

Yo creo que si la voz de Eliseo se hiciera oír en este tiempo diría a los nuevos ministros: "Señores yo no pedí ser mejor que Elías, no pedí hacer mas milagros que él, no tuve intención de opacarlo, tampoco de ser mas famoso que él, yo tampoco buscaba ser mas internacional que él. Señores, yo solo pedí una herencia espiritual para la gloria de Dios "

Por otro lado, yo creo que si la voz de Elías se hiciera oír en este tiempo, donde hay tanta competencia en una búsqueda desenfrenada de poder y popularidad   entre jóvenes ministros y viejos ministros, sin dudas nos hubiera dicho: "Señores yo no pedí a Eliseo quedarse en Gilgal, Betel, Jericó, porque tuve miedo de ser suplantado por él.

Nunca me sentí amenazado de él, jamás lo tuve como un rival, porque los que trabajan para el Reino nunca son suplantados, ni quitados para poner a otros, siempre son relevados a su tiempo. Señores yo tampoco caminé varios lugares para que Eliseo se cansara y se devolviera, era que Dios le estaba dando un paseo espiritual".

Hay muchos ministros que temen que alguien los sustituya y tome su lugar, pero, no temen morirse sin dejar lo que ellos tienen como herencia espiritual a las generaciones que les seguirán. Si lo que tenemos no glorifica a Dios, no sirve; si lo que hacemos no glorifica a Dios, no sirve. Entonces examinemos nuestras motivaciones.

Herederos con Cristo

*"Porque de tal manera amó Dios al mundo, que ha dado a su hijo unigénito, para que todo aquel que en Él cree, no se pierda, mas tenga vida eterna" **(Juan 3:16).***

El término que queremos tocar aquí es "unigénito", esto indica único. El apóstol Juan claramente enseña que Jesús es el único hijo de Dios. Aquí hay una revelación poderosa, y es que Dios envía a su único hijo al mundo para que mediante la fe en el unigénito hijo, lleguemos nosotros a ser también hijos de Dios.

"Mas todos los que le recibieron, a los que creen en su nombre, les dió potestad de ser hechos hijos de Dios" **(Juan 1:12).**

Ahora bien, después que creímos, nos convertimos en hijos de Dios y el que era unigénito, ahora es también primogénito.

El término unigénito expresa la más alta y especial relación con el Padre.

El término primogénito también se utiliza para señalar principalía, lugar supremo y especial.

En Israel el primogénito era el principal heredero. Se le daba una doble porción de toda la herencia.

Por ejemplo; si habían dos hijos, al primogénito le tocaba recibir dos tercera parte de la herencia. Y si habían tres hijos al primogénito la mitad de la herencia.

"Y por cuantos sois hijos, Dios envió a vuestros corazones el espíritu de su hijo, el cual clama: ¡Abba, padre!. Así que ya no eres esclavo, sino hijo; y si hijo también heredero de Dios por medio de Cristo"
(Gálatas 4:6,7).

Algo muy importante que debo señalar aquí es que no somos hijos solo de nombre, somos verdaderos hijos de Dios mediante Cristo Jesús. Y si hijos, también herederos. Ahora bien, para saber lo que nos corresponde como hijos debemos saber o conocer los tres galardones de Cristo:

1)   Gloria de unigénito.

"Y aquel verbo fue hecho carne, y habitó entre nosotros (y vimos su gloria, gloria como del unigénito del Padre), lleno de gloria y de verdad"
(Juan 1:14).

2)   Herencia de primogénito.
3)   Botín y corona de vencedor.

Ahora, bien, de los tres galardones, Cristo solo se quedó con uno, y fue con la gloria. ¿Por que? Bueno, porque su gloria es la del Padre, y el Padre no la comparte con nadie. Recuerda la oración que hizo Jesús:

"Ahora pues, Padre, glorifícame, tu al lado tuyo con aquella gloria que tuve contigo antes que el mundo fuese"
   (Juan 17: 5).

Lo que hizo fue algo como decir así: "Padre lo único que quiero es la gloria que tuve contigo, pero el botín de vencedor lo entrego a tus otros hijos, y ese botín es que tengan vida eterna (esto es victoria sobre la muerte).

"También les doy poder y autoridad permanente sobre sus enemigos. Padre, también quiero que les des mi herencia de primogénito".

1)   Botín de vencedor significa que tenemos toda la abundancia y las riquezas del huerto del Edén.
2)   Herencia de primogénito significa que tene-mos la autoridad y poseemos el lugar que tenía Jesús cuando estaba aquí en la tierra.
3)   Corona de vencedor significa victoria sobre la muerte, y esto es vida eterna.

El pensar en la herencia de Dios mediante Cristo, es pensar que poseemos todas las riquezas del cielo y la tierra, con la vic-toria de Cristo, esa gloria que se llama de señorío, fue recupe-rada y dada a la iglesia.

"La gloria que me distes, yo les he dado, para que sean uno, así como nosotros somos uno"
   (Juan 17:22).

Nosotros debemos comprender que tenemos una herencia espiritual, un señorío espiritual, y que el Reino de Dios es espi-ritual. Ahora bien, cuando todo lo antes mencionado gobierne nuestra vida, afectará de manera positiva nuestro mundo ma-terial. Hay muchos cristianos confundidos por que creen que lo espiritual tiene que fundirse en lo material, cuando debe ser todo lo contrario, lo material debe fundirse en lo espiritual.

Eliseo pidió una doble porción a Elías; pero nosotros más que pedirla, debemos identificarla y poseerla, porque ya Cristo nos la entregó. Aun más allá, tenemos a Cristo como herencia.

Capítulo 10

La oración de conquista

onfesaos vuestras ofensas unos a otros, y orad unos por otros para que seáis sanados. La oración eficaz del justo puede mucho. **(Santiago 5:16).**

La herramienta más poderosa y el armamento más poderoso que hay aquí en la tierra es la oración, no son los armamentos bélicos, bomba de destrucción masiva y otros artefactos de guerra. Todo lo antes mencionado está limitado a destruir y afectar el mundo físico y visible. Pero la oración puede y afecta el mundo invisible. Afecta lo mortal y lo inmortal, lo presente, lo futuro y lo eterno.

Por medio de la oración nos comunicamos con Dios, y nos acercamos a Dios, y tenemos comunión con Dios. Por eso y muchas cosas más, quiero elevar tu mente y tu espíritu a la revelación de usar la oración como fuente de poder y medio de contacto y comunión con el Dios Todopoderoso.   A lo mejor has escuchado que vivir sin orar es vivir sin Dios.

Suena muy bien, pero quiero que sepas algo más. Vivir sin orar no es vivir, es existir, no se puede vivir sin comunión con Dios.

No quiero que te sorprenda si te digo que hay muchas personas en las iglesias que solo existen, pero no viven, porque no tienen contacto con Dios, no hablan con Dios, el cual es fuente inagotable de vida.

"En aquellos días Él fue al monte a orar, y pasó la noche orando a Dios. Y cuando era de día, llamó a sus discípulos, y escogió a doce de ellos, a los cuales también llamó apóstoles " **(Lucas 6:12-13).**

Jesús el hijo de Dios dependió de la oración, para la comunión con su Padre, y el buen funcionamiento de su ministerio. Entonces yo creo que todos nosotros sus ministros debemos imitarlo, depender de la oración para todo en nuestras vidas.

Los escritores de los evangelios destacan que antes de cada hecho importante en la vida de Jesús, Él dedicaba un tiempo para apartarse y orar.

En ese tiempo Él se preparó para escoger a los integrantes de su círculo intimo (los doce apóstoles).

Asegúrese de que cada decisión importante de su vida, se base en la oración.

¿Qué es orar?

Orar es la acción de dirigirse a Dios en actitud de adoración. Como también nos han enseñado: orar es hablar con Dios. Algo muy importante que debes saber. Es que el habla dirigida a Dios no siempre es oración. Como se deduce del juicio en Edén.

Pero Dios el Señor llamó al hombre y le dijo:

—¿Dónde estás?
 El hombre contestó:
—Escuché que andabas por el jardín, y tuve miedo porque estoy desnudo. Por eso me escondí.
 —¿Y quién te ha dicho que estás desnudo? —le preguntó Dios—. ¿Acaso has comido del fruto del árbol que yo te prohibí comer?
 Él respondió:
—La mujer que me diste por compañera me dio de ese fruto, y yo lo comí.
 Entonces Dios el Señor le preguntó a la mujer:

 —¿Qué es lo que has hecho?
 —La serpiente me engañó, y comí —contestó ella.
(Génesis 3:9-13, NVI).

Estos versículos nos enseñan que Adán y Eva, hablaron con Dios, pero no estaban orando. También podemos ver otro caso, y es el siguiente:

El Señor le preguntó a Caín:

 —¿Dónde está tu hermano Abel?
—No lo sé —respondió—. ¿Acaso soy yo el que debe cuidar a mi hermano? **(Génesis 4:9, NVI).**

Este también es otro pasaje bíblico que nos muestran personas que hablaron con Dios, sin ser en actitud de oración.

La oración conlleva devoción, confianza, respeto, y un sentido de dependencia de aquel a quien se dirige la oración.

Las diversas palabras hebreas y griegas relacionadas con oración transmiten ideas tales como: pedir, solicitar, rogar, suplicar, instar con ruego, implorar, buscar, inquirir, así como alabar, dar gracias y bendecir.

¿Sientes que tu oración es efectiva?

Tomemos en cuenta la definición: *Orar es hablar con Dios.*

Hablar es un verbo que indica acción. Entonces ¿Por qué muchas veces pasamos horas sobre nuestras rodillas y no salen palabras de nuestros labios? Cuando hacemos eso lo que estamos haciendo es pensar con Dios.

Hay personas que esa es su forma de orar. Pasan una y dos horas de rodillas, sin decir una palabra, y luego dicen: "estuve dos horas orando".

Realmente no es así; por que cuando tú no abres tu boca, no estás orando, porque orar es hablar con Dios, no es pensar con Dios.

Imagínate estar con alguien unos treinta minutos sin abrir la boca, y luego que te separas de esa persona, le dices: ¿te acuerdas cuando estuvimos hablando hacen tres o cuatro días atrás? Lo primero que te va a decir esa persona es lo es lo siguiente: ¿Cuándo tú hablaste conmigo? Lo mismo acontece en la oración; hay personas que creen estar hablando con Dios, y solo han estado pensando en Dios o meditando en Dios. (Mas adelante ampliaré más sobre la meditación).

Con sinceridad de corazón, yo no pretendo acusarte, culparte o juzgar tu forma de orar. Porque, si lo haces así, es porque te lo enseñaron así. Tampoco pretendo quitar tu patrón; pero si quiero que el Espíritu Santo te abra los ojos y puedas ver que la oración no es para cumplir con lo que dijo el pastor en el sermón del domingo, sino que es el medio que Dios ha provisto para que le conozcamos y tengamos comunión con Él, y así gobernar y ejercer autoridad sobre el mundo espiritual.

Eso quiere decir que la oración te lleva a nuevos niveles de autoridad. No encontramos en la Biblia apoyo o afirmación para orar en la mente. El ciego Bartimeo dijo:

¡Jesús hijo de David, ten misericordia de mi! **(Marcos 10:47).**

"Pero a medianoche, orando Pablo y Silas, cantaban himnos a Dios; y los presos los oían " **(Hechos 16:25).**

Jesús en el Getsemani dijo:

"Padre mío, si es posible pasa de mi esta copa; pero no sea como yo quiero sino como tú" **(Mateo 26:39).**

Un leproso dijo a Jesús:

"Si quieres, puedes limpiarme" **(Marcos 1:40).**

En el libro de Juan capitulo 17 Jesús ora por sus discípulos. La mente y el corazón son para creer a Dios y recibirlo y la boca para confesarlo y decirlo.

La Biblia también habla de frutos de labios.

"Así que, ofrezcamos siempre a Dios, por medio de Él sacrificio de ala-banzas, es decir, fruto de labios que confiesen su nombre"
   (Hebreos 13:15).

La Biblia dice fruto de labios, no dice: fruto de mente. Por tanto la alabanza como la oración son frutos de labios. Así que no cometas el error de pasarte horas sobre tus rodillas, sin abrir la boca y luego decir: estuve horas orando, no, no, no. Jesús siendo el hijo de Dios hablaba con el Padre, no pensaba con el Padre. Entonces, nosotros sus imitadores hagamos lo mismo.
He escuchado personas enseñar que hay cosas o peticiones que no se pueden pedir, porque Satanás las puede escuchar, y adelantarse a Dios, y ponernos otra cosa. Y dicen que por eso hay que pedirlo en la mente para que el enemigo no escuche.
De igual modo hay muchos jóvenes en las iglesias, de di-ferentes sexo, que los años les están pasando por encima (se

están envejeciendo) y están solos todavía. Dios no les ha dado su compañero(a), sencillamente porque les enseñaron que cosas así se piden en la mente, porque si lo hacen abriendo la boca, Satanás les va a poner otra cosa; es decir, el que no es o la que no es.

¡Que error! para que Satanás no te engañe cuando tu le pidas algo a Dios, la clave no es dejar de pedir.

Eso es lo que quiere el enemigo, que tu ignores el poder de la confesión.

Orar con discernimiento

Una de las cosas que necesitamos en la oración es el discernimiento, por que el descernimiento ve, escudriña e interpreta.

Si tú tienes discernimiento, las cosas que son o no son de Dios te serán reveladas. Ahora bien, para las cosas que el Señor no quiere que los demonios escuchen; el Espíritu Santo vendrá sobre ti, y hablaras (orarás) al Señor en lenguas desconocida. Hay una profunda revelación en estos versos:

"Y de igual manera el espíritu nos ayuda en nuestra debilidad; pues qué hemos de pedir como conviene, no lo sabemos, pero el espíritu mismo intercede por nosotros con gemidos indecibles. Mas el que escudriña los corazones sabe cual es la intención del espíritu, por que conforme a la voluntad de Dios intercede por los santos " **(Romanos 8:26-27).**

También hay otros pasajes Bíblicos que traen luz a lo que estoy exponiendo y es el siguiente:

"Porque si yo oro en lengua desconocida, mi espíritu ora, pero mi entendimiento queda sin fruto. ¿Qué pues? Oraré con el espíritu pero oraré también con el entendimiento; cantaré también con el espíritu, pero cantaré también con el entendimiento "
(I Corintios 14:14-15).

Cuando tú tienes la idea de que hay cosas que tu no le puedes expresar a Dios libremente por que no quieres que Satanás te oiga, con esa actitud estás diciendo que Satanás es omnipresente (o sea que está presente en todo lugar al mismo tiempo), cuando realmente no es así.

Satanás no posee ni un "omni" ni siquiera omnimaldad él es, por que se limita a hacer las cosas que Dios le permite hacer.

Él se atiene a los espíritus (demonios) que tiene alrededor del mundo que le dan información; puesto que él no puede estar al mismo tiempo en Republica Dominicana, México; África, Estados Unidos, etc.

En lo personal, cuando quiero decirle algo al Señor, y no quiero que ni siquiera los demonios escuchen, hago lo siguiente: uso la autoridad que Dios me ha dado a través de Cristo sobre todo espíritu de las tinieblas, y digo: "en el nombre de Jesús ordeno salir y huir de este lugar todo espíritu de las tinieblas" . Lo creo.

Luego de esto, oro creyendo que estoy solo con mi Padre celestial, seguro de que ningún espíritu antagónico puede impedir ni interferir en esta oración. Estando así le pido a mi Padre celestial todo cuanto sea necesario para mi vida, mis hermanos y su Reino.

Algo más, si nosotros enseñamos y creemos que los demonios no pueden escudriñar lo que tenemos en nuestra mente, entonces igual es de impresionante pensar que orando en la mente no podemos dar órdenes a los demonios, porque no saben lo que tenemos en la mente.

Las órdenes que nuestros enemigos obedecen son las que hablamos, no las que pensamos.

En el mundo espiritual, no se domina en la mente, sino en la confesión. En el principio Dios no solamente pensó, sino que también dijo y fue echo lo que dijo :

"Y dijo Dios: sea la luz y fue la luz"
(Génesis 1:3).

Orando con la mente

Hay una gran diferencia entre orar en la mente y orar con la mente. A continuación presentaremos la diferencia entre "con" y "en".

Orar en la mente indica que la oración se queda atrapada en la mente; es decir, tu petición no se exterioriza.

Pero orar con la mente indica que tus labios se convierten en la acción de lo que hay en tu mente.

Algunas veces estamos orando y de repente nuestra mente se desvía a otras cosas, pero nuestros labios siguen moviéndose igual, y de nuestra boca siguen saliendo palabras. Esto quiere decir que nuestra boca esta orando sin nuestra mente. Pero cuando oramos con la mente.

Esto quiere decir que cada palabra que brota de nuestros labios viene de un almacén (depósito) que se llama mente.

"En" es un sufijo que significa "dentro", es la misma palabra "in" que en inglés también se traduce "dentro".

Por eso es que la oración en la mente se queda dentro de la mente.

En la otra parte, "con" es una preposición que se usa para acompañar; es decir, es un acompañante.

Esto quiere decir que la mente no lo hace sola, sino que la mente acompaña nuestro espíritu en la oración. Por tanto, yo te invito a usar tus labios en la oración. El enemigo quiere que tú ignores que:

"La muerte y la vida están en el poder de la lengua"
(Proverbio 18:21).

Cada vez que tú abres tu boca en la oración, tú le das vida en el nombre de Jesús a los que están muertos. Y le das muerte al poder del pecado y del mal.

Oración y meditación

Ya que hemos estado hablando de la oración, consideramos prudente abrir un espacio para que hablemos acerca de la "meditación", puesto que ahí es que radica el problema de muchas personas, que al meditar creen que están orando.

Ahora bien, ¿Qué es meditación? Meditación es la acción de aplicar con intensidad el pensamiento, es la reflexión del conocimiento y consideración de una cosa.

El diccionario castellano dice que: meditar es reflexionar. Esta definición me hace pensar en lo que el Señor le dijo a su pueblo por medio del profeta Hageo:

"¿Es para vosotros tiempo, para vosotros, de habitar en vuestras casas artesonadas, y esta casa está desierta? Pues así ha dicho Jehová de los ejércitos: Meditad bien sobre vuestros caminos" ***(Hageo 1:4-5).***

Para ese tiempo la casa de Jehová estaba destruida, y el pueblo decía: "no es tiempo de reedificar la casa de Jehová". Sin embargo, para ellos, estaban, construyendo casas lujosas, por eso Jehová dijo: "Meditad en vuestros caminos". O sea, piensen, reflexionen en lo que están haciendo. En otras palabras, piensen detenidamente sobre lo que están haciendo. También encontramos en el ***Salmo 77:12***, lo siguiente: *"Meditaré en todas tus obras, y hablaré de tus hechos"*.

Este pasaje marca la diferencia entre meditar y hablar. El salmista quiso decir con la mente medito en tus obras, y con la boca hablo de tus obras.

La meditación es el puente de intercomunicación entre Dios y nosotros.

Por eso ningún cristiano puede estar en comunión con Dios, sin una continua comunicación con Dios, y sin una continua meditación en Dios.

La meditación, te mantiene conectado y ligado a Dios y a las cosas de Dios. La meditación es muy importante para todo conquistador.

La meditación te conecta con las obras antiguas de Jehová. Dijo un salmista:

"Enfermedad mía es esta; traeré, pues, a la memoria los años de la diestra del altísimo. Me acordaré de las obras de Jehová, si haré yo memoria de tus maravillas antiguas"
(Salmos 77:10-11).

Cuando la meditación te conecta con las obras de Su Diestra, eso desarrolla en ti el creer que Dios es capaz de resolver cualquier situación en el presente.

Antes de Dios darme esa revelación, ya su siervo David la había recibido al expresar:

"Cuando se juntaron contra mí los malignos, mis angustiadores y mis enemigos, para comer mis carnes, ellos tropezaron y cayeron "
(Salmos 27:2).

En este pasaje hay tres verbos que nos dan una enseñanza muy profunda.

Los verbos gramaticalmente están en tiempo pasado, pero el versículo tres dice: aunque un ejército acampe contra mí, no temerá mi corazón; aunque contra mí se levante guerra, yo estaré confiado.

El salmista está diciendo: "En el pasado mis enemigos, angustiadores, perseguidores, y los malignos, se levantaron contra mí, con el propósito de destruirme, pero noté que algo sucedió: y fue que ellos tropezaron y cayeron".

Entonces cuando medito en el pasado, eso me da seguridad en el presente. Me doy cuenta que aun que esté rodeado por ejércitos de enemigos; yo estaré confiado. Porque yo estoy seguro que el brazo que me ayudó en el pasado es suficiente y poderoso para ayudarme en el presente.

Amado hermano quiero que sepas que lo que Dios hizo una vez en ti, Él está dispuesto hacerlo, si fuere posible aun hasta siete veces más. La meditación nos conecta con las promesas de Dios para nuestra vida. La Biblia dice:

"Mantengámonos firmes, sin fluctuar la profesión de nuestra esperanza, porque fiel es el que prometió" **(Hebreos 10:23).**

Hay personas que son fluctuantes, piensan y creen una cosa hoy, y mañana creen y dicen otra. Hay otras personas que aceptan todo lo que el enemigo les dice, y esto es porque hay poca meditación en la Palabra de Dios.

Cuando tu meditas en las promesas que Dios te ha hecho, eso te mantiene con la fe activa y te mantiene con la cabeza erguida. Sus promesas no te permiten rendirte, pese a las cosas adversas que la vida muchas veces nos trae.

El salmista dijo:

"Hubiera yo desmayado si no creyere que veré la bondad de Dios en la tierra de los vivientes" **(Salmos 27:13).**

Este versículo nos conecta con una situación difícil que pasó David. Un momento de persecución por parte de sus enemigos, pero una cosa lo mantenía firme sin desmayar, y era que David meditaba en las promesas que Dios le había hecho.

Como resultado de su meditación dijo: "estoy siendo perseguido, mis enemigos me quieren matar, pero estoy seguro de que veré la bondad de Dios, en mi vida y para mi vida aquí en la tierra de los vivientes".

Hay personas que Dios les hace promesas a través de profetas y para ellos eso no significa mucho, por no decir nada.

Para mí en lo personal las promesas a mi vida significan mucho, tanto que me garantizan días de vida aquí en la tierra.

Cuando Dios te promete algo, y tu lo crees, tú caminas y vives creyendo que la muerte no puede ni podrá tocarte hasta que veas y disfrutes aquí en la tierra lo que Él te prometió.

Cuando Dios te dice algo o te hace una promesa Él sabe y está consciente que tu estás limitado a tiempo y espacio. Él también sabe cuánto durarás aquí en la tierra.

He repetido la frase "aquí en la tierra". ¿Qué es lo que quiero enseñar con esto? Quiero enseñar que lo que el Señor promete para el cielo y su venida es: resurrección de entre los muertos, vivir siempre con Él, (o sea vida eterna), calles de oro y mar de cristal. En cambio, las demás cosas o promesas, son para verlas aquí en la tierra. Pero hay que créelo.

Si Dios te dice algo y tu no lo crees no puede funcionar, pero si tu lo crees se convertirá en parte de tu vida. De ahí entonces la muerte no podrá tocarte hasta que Dios cumpla su promesa en ti.

Ojala te atrevieras a creer lo que Dios te está diciendo a través de este libro. Medita siempre en su Palabra y sus promesas, eso te hará caminar confiado, victorioso y conquistando sin temor. Usa la meditación para vivir conectado a Dios.

Ofensiva y defensiva en la oracion

A continuación te quiero presentar dos poderosas dimensiones de la oración que muchos cristianos desconocen, y que te aseguro será de mucho bien a tu vida espiritual, pues inmediatamente las conozcas y las pongas en acción, transformarán toda tu realidad   visible e invisible. Me refiero a la oración a la defensiva y a la oración a la ofensiva.

Ahora bien, ¿Qué es la oración a la defensiva, o en que lugar te posesiona, o que cobertura te da y en que consiste dicha oración? Esta oración consiste en que todo lo que tu pides se encierra en: "Señor bendíceme, ayúdame, fortaléceme, dame fuerzas, guíame, lléname, dame mas fe, avívame, cúbreme, etc". Todo esto es cobertura protectora. Dios te libra de tus enemigos, te da firmeza espiritual, Dios te libra de tentaciones, disfruta de buena comunión con Dios y los demás, no sientes temor, te sientes bien, seguro y quieto.

Todo lo antes mencionado es un estado muy importante, sobre todo el disfrutar de buena relación o comunión con Dios.

Todo esto quiere decir que la oración defensiva te da cobertura protectora, activa los ángeles a tu favor para que te defiendan. !Impresionante! ¿Verdad? Pero hay algo más que necesitas saber, y es sobre la oración a la ofensiva.

Mientras que la oración a la defensiva, que ya mencionamos, nos da cobertura protectora; la oración a la ofensiva, nos da cobertura territorial.

Esta oración es la que te hace avanzar y extenderte a lo largo y ancho del lugar o del territorio en donde estás ubicado.

En esa oración tú marchas en contra de la tempestad, del viento, de Satanás, de la adversidad, de los demonios, y del mismo infierno. La oración ofensiva marcha en contra y afecta directamente el reino de las tinieblas.

Es una oración de guerra donde tú atacas lo que te ataca, todo lo que te hace frente y se te oponga en el camino, tú atacas todo lo que ataca el Reino de Dios.

Es a través de la oración ofensiva que establecemos y damos órdenes en el mundo espiritual diciendo: "!Satán no podrás pasar de ahí, en el nombre de Jesús, suelta mi familia, suelta mi finanza, quítate de mi camino, quítate de lo que es mío, suelta lo que tú tienes que me pertenece, sal de mi negocio y de mi empresa en el nombre poderoso de Jesucristo!".

Es con la oración ofensiva que podemos arrebatar los tesoros del Reino, para vivir en la tierra como príncipes y princesas.

Esta oración ofensiva te ensancha, por que cuando operas en ella se rompen las cadenas que te limitan y avanzas sobre principados y abismos que te impiden cruzar y que te retrasan la llegada a tu destino profético.

La oración ofensiva hace que tus enemigos huyan delante ti, hace que tus enemigos abandonen tu territorio. Esa es la verdadera oración de conquista.

Ahora bien, debemos tomar en cuenta que no se debe hacer la oración ofensiva sin la oración defensiva, las dos funcionan juntas.

Hay personas que solo hacen oración defensiva, y están muy firmes espiritualmente, pero no pueden avanzar, no prosperan, están siempre en el mismo lugar, no hay avance ministerial ni financiero, hay estancamiento, y no ensanchamiento.

Hay otros cristianos que solo oran a la ofensiva y nunca a la defensiva, y estos logran mucho en el reino, conquistan, establecen, se extienden a lo largo y ancho, el ministerio crece, prosperan, pero de repente caen derrotados, rendidos, cansados, frustrados y a veces hasta descarriados, porque no tienen cobertura protectora.

Yo creo que como necesitamos cobertura territorial, también necesitamos cobertura protectora. Así entonces podemos estar firmes y avanzar.

"Amado, yo deseo que tu seas prosperado en todas las cosas, y que tengas salud, así como prospera tu alma" **(3 Juan 1: 2).**

Recuerda siempre que: Hay guerra de defensa y guerra de conquista.

Capítulo 11

Tres niveles de relación

Yo os digo: pedid y se os dará; buscad y hallareis; llamad y se os abrirá, porque todo aquel que pide, recibe; y el que busca halla, y al que llama, se le abrirá **(Lucas 11:9-10).**

Muchas personas creen que la oración es solo un medio de expresión de sentimiento, inquietudes, y deseos; sin embargo, la oración trasciende la idea de solo pedir.

La oración es un medio de relación. La oración es el medio que desde tiempos antiguos, Dios ha establecido para relacionarse con sus hijos o siervos.

Conforme al conocimiento que Dios me ha dado, les quiero presentar los tres niveles de relación que existen en la oración, tal como lo presenta el evangelista Lucas. El primer nivel de relación que encontramos es el de "pedir".

Para pedir no necesitamos una estrecha relación. Hay muchas personas que piden sin tener necesidad, lo hacen simplemente por una costumbre. A menudo paso por algunas calles de mi ciudad y se me acercan personas a pedirme; se trata regularmente de personas que no conozco y que ni siquiera había visto, pero me piden sin conocerme, sin haberme visto antes, y sin saber mi nombre. Solo tienen que saber, pensar o imaginarse que yo tengo o puedo darle lo que quieren, y sin perder tiempo y, a veces, sin saludar, dicen: "dame", "quiero", etc.

Esa es la mentalidad del que pide; no le importa la persona, solo le importa lo que quiere, y lo que tiene la persona. Así es todo aquel que identifica a Dios solo como un suplidor de deseos. No le importa quién es Dios, o que quiere Dios, solo les importa que se les conteste, y se les dé lo que piden.

En mi país hay un refrán que usan los pedigüeños que dice: "el que pide nunca pierde, porque si no le dan empata, y si le dan gana". Esa es una mentalidad mediocre y limitada.

Las gentes del Reino pensamos diferente, porque nos interesa mas la persona del Rey, que lo que tiene el Rey y lo que nos pueda dar.

Cuando tú identificas a Dios solo como suplidor o proveedor, no tendrás entonces tiempo para lo mejor; lo cual es contemplar la santidad y majestad del rey.

Para pedir ni siquiera hay que tener una relación de padre a hijo o de hijo a padre.

Yo conozco muchas personas inconversas que me han dicho: "Varón yo pienso que Dios tiene algo conmigo, porque todo lo que le pido Él me lo da. O sea que la única relación que tienen con Dios es pedirle cuando tienen problemas, crisis o necesidades.

Es lamentable decir que hay cristianos que viven esa condición de solo pedir y pedir; y que si pasan un momento de rodillas y no piden nada piensan que han perdido el tiempo. Sin embargo, en lo personal, mis mejores momentos con Dios, son aquellos que yo nada pido, pero reboso su trono de adoración y alabanzas. "Gloria a Dios".

Buscar

A continuación presentamos el segundo nivel de relación que hay en la oración.

"BUSCAR" Significa: inquirir, indagar, escudriñar, registrar, investigar, averiguar, etc. Debemos notar que el que pide hace solo una acción, y es la de mover los labios o abrir la boca; sin embargo, el que busca hace muchas acciones para encontrar lo que busca.

La señora Katherine tiene dos hijos, y es una señora muy responsable con los compromisos. Le asignan una parte muy especial en el servicio del domingo. Ella comienza a prepararse y a preparar a sus hijos para temprano llegar al servicio. Pero mientras ella viste a sus hijos, al buscar sus zapatos en la zapatera, se da cuenta que los zapatos del hijo mas pequeño no aparecen. Katherine, sin perder tiempo, busca debajo de la cama, pero no están los zapatos del niño.

Ella entonces dice al mayor: "sal al patio a ver si él lo dejó allí. Así lo hizo su hijo mayor, sin ningún resultado. Katherine desesperada busca en la sala, debajo del comedor y los muebles, y como los demás intentos, este también se convirtió en fracaso.

Mientras que los minutos en su reloj parecen no detenerse. Ella desesperada y casi rendida de la búsqueda dice: "Yo voy a ver en un último lugar, aunque yo no puedo creer que esté allí, pero, gran sorpresa, exactamente ahí estaban los zapatos, en el refrigerador ¿Quién lo puso allí? El mismo niño, pero no sabía decir donde estaban. Así terminó la historia de Katherine y sus hijos.

Esto es exactamente buscar. Ella buscó por todos los lados hasta encontrar lo que nesitaba. El que quiere encontrar a Dios, lo busca en oración, en ayuno, vigilia, silicio, lectura de la Palabra, etc., porque lo quiere encontrar. La Biblia dice que el que busca halla. La mentalidad de buscar siempre nos va empujar a ir más allá de nuestras limitaciones. En este tiempo Dios está llamando a su pueblo a buscar, no a pedir. El que pide solo puede recibir un don, un favor, y un milagro de Dios; pero el que lo busca lo encontrará a Él. Cualquiera pide, pero cualquiera no busca, porque el buscar siempre va a demandar una acción, un esfuerzo, un sacrificio y una entrega.

Hay dos verdades que nos pueden servir de indicaciones para conocer al que busca, y conocer el que pide.

Uno: El que pide siempre está desesperado, si le dicen: ahora no, se siente mal, si le dicen: no hay, no se puede, se ofende.

Dos: el que busca siempre es paciente y está dispuesto a esperar.

Llamar

¿Te imaginas el privilegio de que el Señor te identifique por la estrecha relación que tienes con Él?

Ahora te presento el tercer nivel de relación que hay en la oración: "llamar". Se le puede pedir a alguien sin conocerlo; también se puede intentar buscar a alguien sin conocerlo; aunque siempre se va a necesitar a otros que nos lo describan, antes de iniciar la búsqueda para que dicha búsqueda sea mas efectiva.

Para llamar a alguien hay que conocerlo, saber su nombre por lo menos. Este nivel indica que hay una relación donde el nombre de alguien y su lugar de habitación son conocidos por otro; por eso le puede tocar y llamar. También indica una relación donde la voz de alguien es conocida por otro, y que está tan relacionado con esa voz que sin ver su rostro, en la noche mas oscura, sin importar la hora, siempre puede identificar esa voz.

Nosotros como seres humanos cuando nos comunicamos frecuentemente con alguien, llegamos hasta interpretar su estado de ánimo con tan solo escuchar su voz. A veces la persona nos dice: "no tengo nada, yo estoy bien". Pero le decimos algo te pasa por que tu no hablas así.

Dios está llamando a su pueblo en este tiempo a comunicarse con el cielo con una frecuencia tal, que su nombre sea conocido en el cielo, que su nombre sea famoso entre los ángeles. Dios responde a los que les llaman por su nombre, y a los que Él conoce su voz.

Mientras más te comunicas con Dios, más se conocerá tu voz en el mundo espiritual.

Yo como padre, se cuando mi hijo llora por sueño, hambre, manipulación, auxilio, temor, etc. Así mismo, Dios quiere que tengamos una relación con Él tan cercana que pueda identificar el significado de nuestra voz, no solo por su omnisciencia, sino por la relación que tengamos con Él.

Todo lo que conquistamos es en el nombre de Jesús

"Y estas señales seguirán a los que creen: en mi nombre echaran fuera demonios; hablarán nuevas lengua, tomaran en las manos serpientes, y si bebieren cosa mortífera no les hará daño; sobre los enfermos pondrán sus manos y sanarán " **(Marcos 16: 17-18).**

A continuación vamos a impartir luz en cuanto a la relación que existe entre Jesús y la oración. También queremos hablar del porqué la oración de muchos cristianos es inefectiva. Nosotros oramos a Dios con la participación del Espíritu Santo, en el nombre de Jesús.

"Y todo lo que pidiereis al Padre en mi nombre lo haré, para que el Padre sea glorificado en el Hijo. Si algo pidieres en mi nombre, yo lo haré". **(Juan 14:13-14).**

¿Comprende usted la gran dimensión de esto? El mismo Jesús enseñó que todo lo que pidamos al Padre en su nombre, sería hecho. Entonces, Jesús quiso decir, que su nombre es el código de acceso a las cosas secretas del Padre. Jesús es la llave que abre la primera y la última puerta, Jesús es la clave para abrir la caja fuerte de Dios, y te hace descubrir los tesoros del Reino.

Esto quiere decir que todo obedece al poder de su nombre: Los espíritus, la naturaleza, el cielo y la tierra. Es más, la creación está sujeta al poder de su nombre. La gran pregunta es: ¿Por qué a veces usamos el nombre de Jesús y no produce efecto a nuestro favor? La respuesta está en la Biblia, uno de los diez mandamientos dice:

"No tomarás el nombre de tu Dios en vano, porque no dará por inocente Jehová al que tomare su nombre en vano (Éxodo 20:7)

Nosotros con frecuencia usamos el nombre de Jesús en vano. Hay personas que ven un insecto y lo reprenden en el nombre de Jesús, teniendo ellos como matarlo. Usamos el nombre de Jesús para hacer chistes o cuentos, y eso es usar su nombre en vano. Debemos usar el nombre de Jesús para las cosas que no podemos hacer, para lo que va mas allá de nuestra capacidad humana. El nombre de Jesús se activa en lo sobrehumano y sobre natural. Quiero dejar claro la diferencia que existe entre hacer algo para Jesús, y hacer algo en el nombre de Jesús.

Lo que hacemos para Jesús expresa gloria, alabanza, adoración y exaltación. Mientras que lo que se hace en el nombre de Jesús expresa que su nombre es el poder que activa lo que hacemos, y lo ejecuta.

Wao!! Cuan poderoso es el nombre del Señor Jesús. Al tomar en cuenta el pasaje bíblico:

"No tomarás el nombre de tu Dios en vano, porque no dará por inocente Jehová al que tomare su nombre en vano **(Éxodo 20:7).**

No es un código de los Diez Mandamientos; sino más bien, es uno de ellos. Tal vez tu pienses y digas: "el versículo habla de Jehová, no de Jesús; Jehová está en el Antiguo Testamento y Jesús en el Nuevo. En primer lugar, debes saber que Jesús no es un nombre humano, sino divino, aunque haya humanos que se llaman Jesús. No fueron José y Maria quienes le pusieron Jesús. Maria recibió una revelación divina a través de un ángel que le dijo: *"llamarás su nombre Jesús"*.

En Jesús se concentra todo el poder, toda la autoridad de la divinidad celestial. ¿Por qué no debemos usar el nombre de Jesús en vano? ¿Por qué debemos usar el nombre de Jesús en lo que se debe usar?

Numero uno: Es que cuando un siervo o una sierva de Dios pronuncia ¡Jesús! se activan todos los sistemas del mundo espiritual. Cuando decimos: en el nombre de Jesús, los ángeles se activan para ejecutar la orden que sigue después de pronunciar su nombre.

Numero dos: Satanás y los demonios, temblorosos y temerosos tiemblan esperando la orden que sigue para someterse a lo que se ordena en ese nombre. ¡wao, terrible es ese nombre! (Jesús).

Ahora bien, cuando usamos el nombre de Jesús en vano, en cualquier cosa, se pierde la autoridad que expresa su nombre. Y entonces cuando se pierde esa autoridad ya los ángeles no se activan, ni los demonios se preparan para correr y abandonar los cuerpos y nuestros territorios.

"Por lo cual Dios también le exaltó hasta lo sumo, y le dio un nombre que es sobre todo nombre, para que en el nombre de Jesús se doble toda rodilla de los que están en los cielos y en la tierra, y debajo de la tierra; y toda lengua confiese que Jesucristo es el Señor, para gloria de Dios Padre" **(Filipenses 2:9-11).**

Capítulo 12

Conquistado por su presencia

orque, ¿qué aprovechará al hombre, si ganare todo el dinero del mundo y perdiere su alma? ¿O qué recompensa dará el hombre por su alma? **(Mateo 16:26).**

Hay algo muy importante que quiero que cada ministro sepa y tome en cuenta; y es que nuestra relación con Dios es más importante que el ministerio, nuestra salvación vale más que el ministerio.

De nada nos serviría conquistar y alcanzar pueblos, naciones y reinos, si primero no somos conquistados por su presencia quebrantadora y su fuego purificador.

Las herramientas de Dios para conquistar el mundo son hombres y mujeres que han sido parte de su conquista, o sea, personas que han sido conquistadas y atrapadas por su presencia, por su fuego y por su gloria.

Tomando en cuenta que conquistar también significa "seducir", yo creo que Dios antes de usarte, quiere seducirte y atraerte a su presencia y quemarte con su fuego purificador.

Su presencia va a cambiar tu corazón y su fuego va a quemar tu humanidad, así entonces podrás desarrollar todo el potencial de Dios que hay en ti; porque vivirás y actuarás según lo que Dios ha dicho de ti, no el hombre, y según lo que Dios piensa de ti, no los demás.

Si tú sabes y entiendes que fuiste conquistado por su presencia y quemado en su fuego, levántate en el nombre de Jesucristo y avanza hacia la conquista, que Dios está contigo.

Recuerda siempre que Dios es tu fortaleza, tu ayuda, tu pastor, el que adiestra tus manos para la batalla y tus dedos para la guerra.

En este tiempo Dios está llamando a sus ministros a una continua vivencia en su presencia.

Vivir en su presencia, caminar en su presencia, es la garantía de un día a día victorioso. Moisés nos ayuda a comprender mejor lo que estoy diciendo, y por eso dijo:

"Si tu presencia no ha de ir conmigo, no nos saques de aquí "
(Ex.33:15).

Más tiempo en su presencia

A nosotros los ministros nos gusta que las gentes caigan bajo el poder de Dios cuando las tocamos, que las gentes lloren en nuestras ministraciones; si la gente se resiste a recibir lo que impartimos, nos sentimos mal y a veces hasta usamos expresiones de insultos hacia los demás, diciéndoles:

"Estas seco, estás vacío". Sin embargo, la realidad es que deberíamos preguntarnos a nosotros mismos ¿Cuál fue la última vez que caímos bajo el poder de Dios al ser ministrado por otro? o ¿Cuál fue la última vez que lloramos al ser tocado por otro?

Hay muchas personas que les gusta que los demás salten, brinquen, tiemblen, cuando ellos ministran; mas, sin embargo, ellos resisten la unción que ministran los demás para que no fluya.

A veces hacemos las cosas en los cultos con la intención de que la parte que más sobresalga sea la que tuvimos, para que las gentes digan: cuando él cantó, cuando él predicó, cuando el adoró, ¡que tremendo!

Todas estas actitudes son señales de que necesitamos ser conquistados por su presencia. Cuando su presencia nos conquista se pierde o se muere la intención de ser los protagonistas de los servicios.

De que sirve pastorear una iglesia de miles de miembros cuando tu conciencia y alma te reclaman y te dicen: "quiero algo más que un éxito ministerial." De que vale el anhelo de conquistar el mundo; cuando Dios ha querido conquistarnos con su presencia y nunca lo hemos dejado.

Los ministros necesitamos tener pasión por la presencia del Señor, porque no pueden tener pasión por Dios aquellos que son ministrados por líderes sin pasión. Alguien tiene que decir: "yo quiero el arca en mi casa".

A veces solo pensamos en el arca cuando estamos ministrando o cuando tenemos el micrófono en la mano.

Dios busca un ministro que no solo piense en su presencia en una reunión religiosa, sino que haga de la presencia de Dios su hábitat. Cuán difícil es dar lo que no tenemos, cuán difícil es enseñar lo que no sabemos.

A veces los muchos trabajos para Dios nos impiden estar en su presencia y Dios no quiere eso. Permitamos que su presencia nos conquiste, para entonces conquistar a otros para Dios.

Capítulo 13

Visión de conquista

Hay muchas personas que han entendido que están en un tiempo de conquista, pero no saben como conquistar, cuales pasos dar para una conquista efectiva. Otros salen a la conquista pero no logran sus objetivos.

Si estás detenido porque no sabes cómo iniciarte o si has golpeado sin lograr nada, a continuación voy a presentarte algunas estrategias de conquista concentrada en cuatro puntos específicos que te llevarán a vivir una vida de grandes conquistas.

Para ser un conquistador exitoso lo primero que necesitas es tener visión de conquista. Recuerda que la visión es enfoque. Entonces tu visión es la capacidad de enfoque que tú tienes. El que no enfoca no puede conquistar porque, ¿Cómo se puede tocar lo que no se ve?. Entonces la visión es lo que ves, es lo que enfocas, es lo que quieres.

La visión es lo que te hace ver lo que está allá muy lejos, lo ves aunque sea en miniatura, pero lo ves. Para ver lo que está cerca solo hay que mirar, pero para ver lo que esta lejos se necesita visión.

La visión de conquista es lo primero, porque lo que ves se convierte en tu objetivo y tu meta. La visión de ser, de lograr, de alcanzar, de llegar, de tener, de crecer, siempre va hacer lo que mueve y acelera tu corazón para activarte, y empujarte hacia el campo de la conquista.

Otra cosa que debes recordar es que hay cosas que se obtienen con un solo golpe, pero hay otras que para obtenerlas hay que dar repetidos golpes.

Para una conquista efectiva también debes tener objetividad, porque hay personas que tocan muchas puertas, pero no saben por cual de todas quieren entrar.

La visión de conquista es tener un blanco a atrapar. Si ya tienes el primer paso te invito a que me sigas al segundo.

Herramienta de conquista

la herramienta es el medio, el equipo, las armas y los recursos que necesitas para la conquista.

Debes saber que lo que se enfoca con la visión no se logra sin las herramientas necesarias.

Por ejemplo, un pastor dice: "este año mí visión es duplicar o multiplicar la membresía de la iglesia"; la primera herramienta que ese pastor debe usar es la oración.

Cuantas horas voy a estar en la presencia de Dios con ese propósito. Luego de esto es transmitirle la visión a la iglesia, porque la membresía actual es una herramienta eficaz para traer a los demás. Lo siguiente es cuantas campañas voy a dar, quien o quienes van a predicar esas campañas, con cuanto voy a honrar a cada uno de los evangelistas que voy a usar en dichas campañas, con que equipo de sonido cuento, quien o quienes van a patrocinar cada evento, cuantas nuevas células voy a abrir, quienes van a impartir las enseñanzas en cada célula.

Ahora bien, esto no quiere decir que obligatoriamente lo que te funciona a ti, me funcionará a mí.

Algunas personas van a usar herramientas diferentes en áreas diferentes, porque en cada lugar y en cada época opera un principado diferente. Bueno, yo creo que el Espíritu Santo nos indicará qué hacer en el momento preciso. Las historias bíblicas nos enseñan que cada conquistador usó herramientas diferentes.

Noé usó un Arca para salvar su familia y los animales; Moisés usó una vara para abrir el mar rojo; Gedeon usó trompetas y su espada; David usó una piedra; Salomón usó su sabiduría; Elías usó su manto para atraer a Eliseo y para dividir el Jordán; Jael mató a Sísara con una estaca; Jesús llamó la atención de Pedro a través de la pesca. Por eso nunca debemos hacer las cosas por imitación, sino por revelación.

Por medio de la revelación el Espíritu Santo te va a enseñar cuales herramientas necesitas para conquistar en el lugar en que tu estás operando.

Yo creo que en cada persona Dios puso una herramienta única, y lo que se necesita es revelación para descubrirla y comenzar a utilizarla en el nombre de Jesús.

La definición de herramienta es: recurso que se utiliza para realizar una actividad o trabajo. Esto quiere decir que el Señor puso recursos en tu mano. Úsalos.

"Por que las armas de nuestra milicia no son carnales, sino poderosas en Dios para la destrucción de fortalezas"
(2 Corintios 10:4).

Estrategia de conquista

Estrategia viene del griego Estrategos: significa jefe de ejército. Tradicionalmente en el terreno de las operaciones de guerra y en administración básicamente, se entiende por la adaptación de los recursos y habilidades de la organización al entorno cambiante, aprovechando oportunidades y evaluando riesgos.

Otra definición de estrategia es:

a) Arte de dirigir las operaciones militares.

b) Arte de coordinar todo tipo de acciones para la conducción de una guerra o la defensa de un país. Todo conquistador debe pedir a Dios ese arte, porque la estrategia es mejor que la fuerza. Trabajar sin un plan de acción no es de sabio. Mientras mejor te planificas, mejor preparado estás para la victoria y el éxito.

La estrategia tiene que ver con la forma en que vamos a usar los recursos que tenemos. Si ya tienes visión de conquista y tienes las herramientas de conquista, te invito a que me sigas en este próximo paso.

La estrategia te hará más efectivo en la conquista, por que más vale tener estrategia, que mucha fuerza: Salomón lo expresa así.

Entonces dije yo:

"mejor es la sabiduría que la fuerza, aunque la ciencia del pobre sea menospreciada, y no sean escuchadas sus palabras" **(Eclesiastés 9:16).**

A los mejor tú digas, pero este versículo habla de la sabiduría no de la estrategia. Debes aprender esto: no se puede tener estrategia sin sabiduría por que la madre de la estrategia es la sabiduría.

La sabiduría es la que edifica, es la que coloca los pilares o columnas donde deben ir, es la que dirige, es la que dice lo que se va a hacer en el momento preciso, y es la que ubica. Los planes estratégicos siempre van a venir de hombres y mujeres que tengan espíritu de sabiduría, la Biblia dice:

"Si se embotare el hierro, y su filo no fuere amolado, hay que añadir entonces mas fuerza; pero la sabiduría es provechosa para dirigir" **(Eclesiastés 10:10).**

La estrategia extraída del profundo mar de la sabiduría es mejor que las herramientas.

Yo creo que es más fácil conquistar con estrategia (sabiduría), sin herramientas, que con herramientas, mas sin estrategia (sabiduría). La palabra de Dios dice:

"Mejor es la sabiduría que las armas de guerra" **(Eclesiastés 9:18).**

En el nuevo testamento, el libro de **Marcos 2:4**, nos habla de un hombre paralítico; por lo tanto, no se podía valer para llegar a donde estaba Jesús, entonces ellos usaron una estrategia que Jesús la identificó como fe.

Ellos abrieron el techo, subieron al paralítico, y lo bajaron por la abertura hasta donde estaba Jesús. Eso se llama estrategia en situaciones difíciles.

Acción de conquista

Bueno, tienes la visión, ya identificaste tus herramientas, articulaste tus estrategias e hiciste un buen plan de trabajo, ahora te invito al campo de la acción.

Hay personas que tienen buenos planes y buenas intenciones, pero no pasan de ahí.

Creo que debemos recordar que Dios no bendice intensiones, ni prospera intenciones, sino acciones. Dios nos está pidiendo salir del campo de las expresiones al campo de las acciones.

Nadie puede interpretar qué tan cerca o lejos está su victoria, hasta el momento mismo que comienza a accionar.

Refiriéndose a David la Biblia relata que él:

" tomó su cayado en su mano, y escogió cinco piedras lisas del arroyo, y las puso en su saco pastoril, en el zurrón que traía, y tomó su honda en su mano, y se fue hacia el filisteo" **(1 Samuel 17:40).**

La visión de David era matar a Goliat y quitar el oprobio de Israel, y sus herramientas eran: piedras, onda y palo (cayado). Su estrategia fue atacar primero al enemigo y sorprenderlo. Algo impresionante fue que David tomó cinco piedras. ¿Por qué? Porque él no sabía cuántas tendría que lanzar para vencer a su enemigo, pero cuando entró al campo de la acción se dio cuenta que una sola piedra fue suficiente para vencer a su enemigo.

La definición de acción es: Movimientos para reforzar lo que se dice. A veces es fácil hablar y decir, pero se hace muy difícil accionar.

Creo que hay personas que si como hablan y enseñan accionaran, serían los más grandes conquistadores.

Conozco personas que tienen muchos sueños, pero siempre permanecen durmiendo y nunca despiertan para caminar al campo de acción, que es el lugar donde los sueños se realizan.

Debemos saber que los sueños no se cumplen contándolos, sino ejecutándolos.

José tuvo mucho tiempo contando sus sueños y nada sucedió hasta el momento en que Dios lo empujó al campo donde los sueños producen y provocan cambios y situaciones, para luego establecernos en el lugar donde todo se cumple.

Algunas de las cosas que impiden a muchos accionar es el miedo a fallar: Si me dicen no, que dirán los demás, si me va mal, etc. Hoy debes romper con todo sistema de temores y miedo en el nombre de Jesús, porque lo que tú tienes como sueño, Dios lo tiene como un hecho.

Es tiempo de levantarte y accionar conforme a la visión que Dios te dio. El que dio los sueños, los cumplirá. El que dio las visiones las hará ver. El que dio la semilla dará tierra para sembrarla.

El proveedor de la tierra hará que tu semilla produzca en abundancia. Ya no necesitas que te agiten las aguas del estanque y ya no necesitas ser movido por otros.

El Maestro te dijo: levántate toma tu lecho y anda. Solo tienes que accionar, el milagro está hecho, las puertas están abiertas, tú tienes la unción y el cielo, donde habita el Padre está a tu favor.

Ahora es tu tiempo no lo dejes para mañana si puedes hacerlo hoy. Las cosas no suceden, alguien las hace suceder, las cosas no acontecen sin que alguien las provoque.

Para este tiempo Dios está levantando una generación de hombres y mujeres violentas en el Espíritu, para hacer que sucedan cosas y para provocar acontecimientos.

Un automóvil estacionado en un garaje no puede provocar taponamientos, ni accidentes. Alguien tiene que sacarlo del garaje.

En este tiempo el Espíritu de Dios está sacando sus siervos y siervas del garaje y los está llevando al mundo para provocar cosas. Nosotros tenemos mucho tiempo diciéndole a las gentes o diciéndonos a nosotros mismos: "Cristo viene".

Pero las gentes no ven que estamos haciendo algo fuera de los límites que les haga decir: "Ellos están haciendo eso, porque algo grande viene, soltemos nuestros dioses, y abrasemos al Dios de ellos". Lo reiteró: la acción habla más que la expresión.

Capítulo 14

Sellando la conquista

Entonces envió Jezabel a Elías un mensajero diciendo: Así me hagan los dioses, y aun me añadan, si mañana a estas horas yo no he puesto tu persona como uno de ellos. Viendo, pues, el peligro, se levantó y se fue para salvar su vida, y vino a Beerseba que está en Judá, y dejó allí a su criado. Y él se fue por el desierto un día de camino, vino y se sentó debajo de un enebro y deseando morirse dijo: basta ya oh Jehová, quítame la vida, pues no soy yo mejor que mis padres.
(1Reyes 19:2-4).

Hay muchas personas que están preparadas para conquistar, arrebatar, tomar, poseer, y para la victoria. Pero muy pocos están preparados para lo que viene después de la victoria y la conquista. Para lo que queremos enseñar, Elías es un personaje excelente.

Ahora yo quiero que nos ubiquemos en el escenario que preparó Elías antes de ver la gloria de Dios a través del fuego.

Lo primero que hizo Elías fue citar a los profetas de Baal en un lugar.

"Envía, pues, ahora y congrégame a todo Israel en el monte Carmelo y cuatrocientos cincuenta profetas de Baal y los cuatrocientos profetas de Asera que comen a la mesa de Jezabel " **(1Reyes 18:19).**

Algo muy importante que debemos ver aquí fue que Elías invitó a los profetas de Baal a su terreno, él no fue al terreno de ellos, él los invitó al monte Carmelo, cuyo nombre significa jardín de frutas o de árboles.

Las frutas son alimento, y el alimento simboliza la Palabra, y la Palabra es la revelación para saber qué hacer en momentos difíciles. Los árboles simbolizan crecimiento espiritual.

Elías los citó al lugar donde él habitaba, y se encontraba con Jehová su Dios, al lugar de revelación y crecimiento espiritual. Era el lugar donde las fuerzas de los enemigos se neutralizan.

Nunca vayas a un territorio ajeno a pelear a menos que Dios te envíe. Hay personas que han ido a una casa a echar fuera demonios y han salido frustrados y avergonzados. Es peligroso ir a casas a echar fuera demonios.

Con frecuencia las gentes nos buscan para echar fuera demonios, y nosotros, sin medir consecuencias y sin hablar con Dios, salimos aceleradamente a demostrar que tenemos poder. A veces sucede todo lo contrario; las gentes salen dudando del poder que tenemos en Cristo Jesús, cuando realmente lo tenemos.

Cuando te inviten a una casa o algún otro lugar a echar fuera un espíritu inmundo, nunca salgas sin preguntarle a Dios si debes ir o no ir, y en caso de ir, qué hacer al llegar al lugar. Esto es por varias razones.

Número Uno: porque aunque echemos fuera demonios en el nombre de Jesús, no somos exorcistas.

Número Dos: porque no sabemos qué o cuáles cosas dan autoridad a ese o esos espíritus en ese cuerpo o en esa casa.

A veces hay pactos que se han hecho, que van a impedir que tú los eche fuera por más unción que tu tengas. Recuerda que Dios es un Dios de pactos, y por ser un Dios de pacto, Él respeta los pactos.

Cuando alguien hace un pacto con Satanás, Dios interviene solo cuando la persona que pacta decide romper con quien pactó, y llama a Dios a su auxilio. Entonces Dios interviene para hacer nuevo pacto con esa persona, y para hacer un círculo de protección alrededor de la persona.

De hecho, no solo eso, también hay objetos y prendas que pueden dar derecho a un espíritu en un lugar equis, o sobre una vida equis. Ahora bien, si a la persona poseída la llevan a tu casa, o a la iglesia, las cosas cambian, porque está en tu territorio, y en tu territorio las fuerzas del mal se debilitan.

Elías no fue a su terreno, él los invitó al suyo. Yo creo que si los profetas de Baal aceptaron el reto es porque ellos sabían, y creían que Baal podía responder por fuego. Pero en el monte Carmelo, Baal no funciona, su poder se hace inoperante.

¡Aleluya!

Pero cuando nosotros vamos y penetramos al territorio del enemigo sin dirección divina sucede lo siguiente: el enemigo entorpece y bloquea nuestro entendimiento y conocimiento, y cuando esto sucede se pierde la revelación, y cuando se pierde la revelación, se pierde la dirección y cuando no hay dirección tampoco hay operación efectiva.

Guiados para liberar

Este relato relacionado con un hecho real nos serviría para lo que deseo enseñar. Hago uso de nombres ficticios para ocultar la verdadera identidad de los personajes. Una pastora evangelista me contó el siguiente testimonio:

En Santo Domingo una joven permaneció poseída por demonios varios días, en ese tiempo sus familiares hicieron venir a diferentes pastores   evangelistas de la ciudad y de otras ciudades.

Entre las personas que invitaron estaba Miriam, quien no se presentó al lugar esperando recibir la dirección y aprobación divina. Bien, llegó el día cuando el Señor le dijo a Miriam puedes ir. Ella entonces fue al lugar.

Me cuenta Miriam que llegó mas o menos a las 10:00 am., no entró en la habitación en donde estaba Belkys poseída, sino que permaneció fuera sentada esperando la instrucción del Espíritu Santo.

Ella cuenta que los ministros entraban y salían con frecuencia, y parecía que nadie tenía poder para expulsar a dicho demonio.

Entre los ministros llegó también Pedro, quien le preguntó a Miriam: ¿Por qué estás ahí sentada? ¿Por qué no has entrado? Miriam le respondió: estoy esperando que el Señor me lo indique.

Esa respuesta pareció mal a Pedro, y en seguida le dijo: "No se trata de ética, se trata de que hay que echar a ese demonio fuera".

Con frecuencia, antes de entrar cualquier persona a la habitación, aquel espíritu, que operaba también en adivinación llamando a las gentes por sus nombres y apellidos, les decía a los visitantes todo lo malo que habían hecho.

En seguida Pedro aceleró sus pasos hacia la habitación y el espíritu le dijo: "Ven que te estoy esperando", pero él confiado en lo que tenía avanzó firme hacia la habitación y comenzó a usar su poder en nombre de Jesús, pero no le funcionó, y al igual que los demás salió avergonzado. Ya en horas de más o menos las 4:00 pm., Miriam escucha la voz del Espíritu Santo que le dice: "Entra ahora a la habitación". Cuando Miriam inicia sus pasos hacia donde estaba Belkys, se escuchó un fuerte grito que decía: "Veo una luz ¿Quién viene ahí?" Pero Miriam avanzó a ella confiada en la Palabra de Dios, en la revelación y guíanza del Espíritu, ordenó su liberación en el nombre de Jesús. Gloria al Señor, Belkys fue libre.

Ahora, mi pregunta es la siguiente ¿Por qué los demás no pudieron echar fuera ese demonio, y Miriam pudo?.

En lo personal yo creo que los demás actuaron apresuradamente en terreno ajeno. Sin embargo, Miriam dependió de la guianza y la revelación del Espíritu Santo para todos los pasos que dio.

La enseñanza que nos da esta historia es que no podemos depender más de nuestra experiencia que de la revelación del Espíritu Santo.

Preparados para el fuego

Otra de las cosas que hizo Elías antes de clamar por fuego fue que preparó el escenario y ordenó las cosas que antes estaban desordenadas. Arregló, restauró el altar que estaba arruinado. ¿Por qué el altar? Porque Elías entendía que si Jehová descendería sería sobre un altar. El fuego de Dios siempre desciende sobre su altar.

Para un judío un altar no es una estructura formada por block, varillas, cemento y arena. Es una representación de pactos, compromisos, alianzas, santidad y adoración. A veces en algunas iglesias hay estructuras de cementos, pero no hay altar.

Dios en este tiempo busca iglesias con altares para hacer descender su fuego. Los cristianos de hoy estamos pidiendo fuego, pero no hay fuego mientras tengamos altares arruinados.

Restaurar el altar significa volverse a Dios y romper con la adoración religiosa y mecánica y con las motivaciones incorrectas. Es hora de dedicarse a Dios como una adoración viviente.

Elías preparó el escenario para ver lo que él quería ver. La preparación del escenario indica y muestra nuestra visión y lo que podemos ver.

Hay personas que preparan actividades, y en las mismas se siente un ambiente pesado y a veces esa persona dice: "No fue como yo esperaba", pero cuando tú observas el escenario que le prepararon al Señor, entonces tú dices: "demasiado hizo Él en un escenario así".

Hay personas que quieren que el Señor los honre en lo que hacen, pero ellos no honran al Señor preparándose espiritualmente y haciendo inversiones financieras para prepararle un buen escenario al Espíritu Santo. No olvides que el escenario que tú prepares dice lo que eres y lo que quieres.

Cuando hay un escenario excelente para Dios, Él nos bendice con su excelencia. A nosotros nos gusta lo mejor, debemos también aprender a darle lo mejor a Dios.

Hace un tiempo leí en un libro algo acerca de Katherine Kulman, una mujer muy usada por Dios, que decía que cuando ella preparaba un evento para Dios ella preparaba un escenario de primera y decía: "te he preparado un escenario de primera, quiero que hagas milagros de primera".

El Señor hacía tantas cosas de primera que hasta la despegaba del suelo.

Deseas ver cosas extraordinarias produciéndose en tu altar o ministerio? lo que más puede impedir que Dios haga cosas extraordinarias en un escenario excelente, es el pecado. Recuerda que lo excelente provoca lo extraordinario.

Aprendamos de lo que hizo Elías

Elías utilizó algunos elementos para preparar su escenario.

Primero: Piedras, material básico para edificar palacios y que simbolizaba riqueza, tipo de Cristo, la piedra viva.

Segundo: Doce piedras que simbolizan los doce meses del año, cada uno con nombres diferentes indicando que Dios tiene una manifestación cada mes.

El apóstol Juan habla en Apocalipsis de un árbol que produce doce frutos.

Es impresionante saber que Dios en cada mes y en cada año tiene para nosotros nuevas revelaciones, nuevas manifestaciones, nuevos milagros y un mover exclusivo. Esto incluye nuestro ministerio. Como cada mes tiene un nombre diferente al otro, Dios quiere hacer cada mes cosas nuevas y todo lo nuevo tiene nombre nuevo.

Moisés envió doce espías a explorar la tierra prometida desde el desierto. Esto indica la capacidad de ver la tierra de abundancia, estando en tierra de aflicción. También el número doce representa una estructura completa, equilibrada y constituida divinamente.

Tercero: La zanja, una excavación donde Elías vertería toda el agua que correría alrededor del altar, separando el altar de la tierra natural. El agua simboliza el Espíritu Santo haciendo reparación entre lo natural y lo sobrenatural. Solo cuando el Espíritu Santo nos rodea podremos operar correctamente en lo sobrenatural.

Cuarto: Leña, elemento que recibe el fuego y que conserva el fuego, porque sin leña se apaga el fuego.

Quinto: Becerro. Elías entendía que un altar vació no era acepto ante Dios y que Él no descendería en un altar vacío. El altar es el lugar del pacto, pero la ofrenda es lo que sella el pacto. Un altar puede tener de todo y si no tiene una ofrenda no provoca fuego, no activa lo sobrenatural, no abre los cielos, ni provoca lluvia.En muchos de nuestros servicios no provocamos lo grande de Dios porque vamos a los servicios con las manos vacías. Porque nos enseñaron que a la iglesia se va a buscar bendición. Cuando eso es todo lo contrario.

Dios no solo nos bendice en la iglesia. Dios nos bendice fuera de la iglesia y como resultado de esto nosotros vamos a la iglesia a bendecir a Dios con nuestra adoración y con nuestras finanzas. Tu adoración es el altar que hizo Elías y tu ofrenda es el becerro.

El Señor me enseñó que a la iglesia no se va con las manos vacías, siempre hay que llevar algo a la presencia de Dios.

Hay personas que gastan una gran cantidad de dinero en medicina para atenderse su salud y lo hacen conforme. Pero nunca van al altar con una ofrenda de pacto que provoque el milagro de Dios en su vida.

Entre las muchas cosas que pueden impedir que recibamos más milagros en la iglesia es que llevamos poco o nada al templo. La iglesia primitiva lo llevaba todo. Dios está interesado tanto en el becerro como en el altar.

Hay personas que creen que Dios solo quiere su altar (adoración); pero no saben que el fuego desciende para quemar el holocausto, no para quemar el altar. En la tierra que se siembra es en la misma que se cosecha.

Hay personas que solo conocen la teología de la viuda que echó su blanca, y por eso nunca pueden darle a Dios algo que no sea una monedita blanca; sin embargo, Jesús alabó la actitud de esa mujer, porque ella dio lo único que tenía, su sustento, su todo.

Dios recibe la moneda blanca cuando es lo único que tú tienes; de lo contrario, Él te pedirá la ofrenda de aquella mujer que llevó un frasco de perfume puro de nardo y lo derramó a los pies de Jesús. Eso se llama ofrenda de excelencia.

La viuda de la moneda blanca no tocó a Jesús pero la mujer del perfume estuvo cerca de Él y lo tocó.

Después de todo, Elías hace una poderosa oración que tuvo respuesta inmediata: Dios envió fuego del cielo que encendió el altar y los demás componentes hasta quemar el holocausto. Y Elías, sin perder tiempo, prendió a los falsos profetas y los mató. Fue así como Elías alcanzó la gran victoria.

Capítulo 15

Después de una victoria

Después de la gran victoria que obtuvo en el monte Carmelo, Elías profetizó y declaró una gran lluvia que tuvo cumplimiento inmediato. El profeta envió a decir al rey Acab: *"apresúrate para que la lluvia no te ataje"* **(I Reyes 18:44).**

Acab obedeció y avanzó a Jezreel, y Elías sobre quien vino el Espíritu de Jehová, fue acelerado y llegó primero a la ciudad. Y ya están ambos en Jezreel.

En aquel tiempo cuando un profeta daba una profecía de carácter nacional que tenía cumplimiento, se tomaba a ese profeta y lo subían en uno de los carros del rey o del palacio, y lo paseaban por toda la ciudad diciendo: "el Dios de este hombre ha hablado y se ha cumplido". De esta manera se honraba a dicho profeta. Elías está en la ciudad y como cualquier otro profeta esperaría entonces que lo subieran en el carro real para darle un paseo por algunas de las ciudades y rendirle así la honra que del rey y la nación acostumbraban a conceder en estos casos.

Pero tremenda sorpresa para Elías, en vez de recibir honra, lo que recibió fue una carta que procedía del corazón del infierno, escrita por la diabólica Jezabel que decía:

"Si mañana a esta hora yo no he puesto tu cabeza como la de uno de ellos, traigan los dioses el peor de los castigos sobre mí, y aun me añadan" **(I Reyes 19:2).**

Esa maligna información afectó áreas específicas en la vida del profeta Elías. En primer lugar, afectó su fe, porque solo cuando se pierde la fe, huimos de lo que antes habíamos vencido. Y la pérdida de la fe genera miedo e inseguridad. En segundo lugar, afectó sus emociones. Como consecuencia de eso vino la depresión, estado anímico que tiende a conducir al aislamiento, la separación; que además quita el deseo de vivir, produce miedo, y cobardía.

Ahora analicemos los pasos que dió Elías después de aquella noticia.

Número uno: huyó. Solo la falta de fe nos hace huir.

Número dos: dejó a su criado en Berseba. Solo la depresión nos hace asilarnos y separarnos de quienes siempre nos ayudaron y nos sirvieron, de quienes pueden darnos un consejo.

Número tres: caminó durante un día y se sentó. Cuando dejamos que el espíritu de depresión nos controle, se oscurece nuestro camino y tenemos que detenernos, perdemos la dirección y caminar un poco nos cansa, entonces tenemos que sentarnos, gesto claro de que estamos cansados.

Esto quiere decir que cuando huimos en retroceso nos cansamos más que cuando corremos hacia adelante.

Cuarto: *"basta ya, quítame la vida" (I Reyes 19:4).*

Solo la depresión y la falta de fe pueden provocar en nosotros deseos de morir fuera del propósito de Dios.

Un hombre de impacto

Ahora hermanos pensemos un momento en la categoría del profeta Elías, un hombre de impacto que marcó su generación poderosa y positivamente, y aun las generaciones posteriores a él hemos sido marcados con su historia.

Yo creo que si Elías fuera un pastor de este tiempo sería el pastor de mayor éxito, de mayor membresía, o se llamaría la iglesia de fuego y lo sobrenatural o, también, si fuera un evangelista de este tiempo sería, sin dudas, el de más señales, más invitaciones, más multitudes, más famoso.

Un hombre que tenía mucho poder sobre el fuego, sobre el agua, resucitó muertos, dividió ríos, hizo milagros de multiplicación y enfrentó reyes.

Ahora, después de saber todo esto acerca de Elías, miremos a este hombre de Dios.

Este gran profeta de Dios, después de una gran victoria sobre cuatrocientos hombres, huye de una mujer, está sentado, depresivo deseando morirse, rendido, angustiado, desesperado, temeroso y solo.

Elías estaba preparado para la victoria, pero no estaba preparado para recibir y soportar lo que venía después de la victoria.

Yo creo que esta historia se parece a la de muchos de nosotros hoy. Nos preparamos bien para obtener la victoria, pero no nos preparamos para lo que siempre viene después de la victoria.

Después de cada victoria se van a presentar situaciones, vienen fuertes amenazas y ataques por parte de Satanás, pero no temas.

En medio del disfrute de la victoria y la conquista se van a manifestar situaciones, pero estas situaciones son las que provocan y garantizan la próxima gloria; en otras palabras, son las situaciones que nos empujan a vivir de gloria en gloria y de victoria en victoria, de conquista en conquista y de poder en poder.

A cuántos a nosotros, como ministros, nos ha sucedido como a Elías, que después de una gran victoria queremos huir. Después de una gran predicación en la que vimos el poder de Dios obrar poderosamente sanando, liberando, rompiendo cadenas de maldiciones y miseria, al llegar a casa nos quitamos la ropa de ministración, la corbata, el traje, ponemos la Biblia en el lugar de costumbre y nos sentamos en nuestra habitación.

Ya solos, sin multitudes, sin aplausos, con necesidades, viendo la realidad del momento, nos olvidamos de la victoria que hace poco hemos obtenido y nos preguntamos y decimos: ¿Señor será cierto que me llamaste? ¿Estoy en el ministerio correcto o no estoy en el lugar correcto?. Esto no funciona, voy a entregar las credenciales, me rindo, no predico más, no enseño mas, no canto mas, entrego todo, hasta aquí llegué.

Y al igual que Elías deseamos salir huyendo para escapar de la realidad del momento. Pero Dios siempre llega a tiempo para decirnos: no temas mi Elías, que Jezabel es menos que los ochocientos cincuenta hombres que has acabado de vencer.

Hay personas o ministros que creen en lo sobrenatural cuando están en el púlpito, pero cuando descienden de la plataforma se les olvida que Dios hace milagros en todas las dimensiones: finanzas, salud, familia, ministerio etc.

Amado hermano, quiero que sepas que independientemente de lo que estés pasando en tu vida y en tu alrededor, Dios sigue vivo y su Reino firme. Si en algún momento de nuestra vida, por alguna situación o razón, llegara a nosotros la sensación o deseo de correr y huir, debemos hacerlo correctamente.

Debemos ser realista, la vida del creyente no es un ascenso en línea y permanentemente hacia arriba. Hay avances y retrocesos, hay retiradas tácticas y ataques sostenidos, pero todos estos movimientos hay que saberlo hacer.

¿Cómo uno se retira correctamente? Ubicando el lugar correcto. Se debe o se puede huir, pero hacia el altar. Elías huyó al lugar incorrecto. Fue al enebro, cuando debió ir al Carmelo, su lugar de intimidad con Dios.

Cuando Salomón envió a matar a Joab, este huyó al altar y se agarró de los cuernos del altar. Lo que se pierde por haber dejado el altar, se recupera solo volviendo al altar.

Si comenzaste en el altar, debes terminar en el altar. Lo que recibiste en el Carmelo, se mantiene solo volviendo al Carmelo. Si lo que sucedió en el Carmelo provocó la ira de Jezabel, en el Carmelo también recibirás lo que le aplacará su ira.

Hay muchas cosas que no nos están funcionando porque hemos sustituido la revelación por la información y la sabiduría de Dios por nuestras estrategias. Igual que Elías estamos en una ruta equivocada dirigiéndonos al lugar incorrecto. Pero hoy el Señor te dice: *"no temas a las amenazas de Satanás en boca de Jezabel"*. Esas amenazas son las diferentes formas de Jezabel expresar su miedo.

Cuando más el enemigo te ataca y te amenaza, debes entender que es porque Dios te está utilizando para debilitar su ejército. Así, es que fortalécete en el Señor y en el poder de su fuerza, sigue avanzando por que solo hay dos posiciones en la pelea: la de vencedor y la vencido. Dios ha dicho que tu posición es la del vencedor. Tu enemigo fue vencido y derrotado en la cruz por Jesucristo.

Hay muchas personas que creen que los ministros somos súper héroes, aunque algunos se presentan como tal. Y por eso es que con frecuencia nos llaman desde diferentes lugares, y a todas horas pidiéndonos oración y ministración.

Sin embargo, es rara la ocasión que alguien llama a un pastor o cualquier otro ministro para decirle: estoy orando por ti. Sigue adelante, Dios sabe recompensar etc.

Los ministros también necesitamos esas palabras motivadoras. Así que si nunca has llamado a tu ministro o pastor para darle una palabra motivadora o para decirle que estas orando por él, levántate toma el teléfono y hazlo ahora.

Hazle entender que no está solo, que Dios está con él, que su trabajo es efectivo, que tiene tu apoyo, que su ministerio está afectando vidas y que tú agradeces a Dios por él.

Una victoria o conquista no significa éxito, y triunfo. El éxito o el triunfo es un vivir de victoria en victoria, y de una conquista a otra conquista.

En el nombre de Jesús levántate y avanza hacia tu próxima conquista, hacia tu nueva victoria. No dejes que te detenga hoy, lo que ayer no te pudo detener.

Capítulo 16

Este es el tiempo de Dios

Todo tiene su tiempo y todo lo que se quiere debajo del cielo tiene su hora. **(Eclesiastés 3:1.)**

Hay un crecimiento del mal. Cristo requiere hombres y mujeres que entiendan que este es el momento de levantarse y accionar para detener el reino de las tinieblas.

Cuando Dios va hacer algo, Él determina qué va a hacer, cómo lo va hacer, porqué lo va a hacer, para qué lo va hacer, dónde lo va hacer, cuándo lo va hacer y lo más importante: con quién lo va hacer.

Cada una de las expresiones antes mencionadas identifican y revelan el propósito de Dios. A continuación vamos a maximizar los términos.

Qué va hacer?

Indica lo que se piensa y lo que se propone. Esto expresa su voluntad.

¿Cómo lo va hacer?

Indica la forma y manera. Cuando Dios decidió hacerte, ya Él tenía en su mente la forma que tú tienes.

Eres el único con ese diseño; por tanto, no te preocupes en ser o parecerte a otros, no te sientas inferior a otros, tampoco superior, porque ambas cosas son malas.

Si te sientes inferior a otros estas pisoteando o ignorando que eres representante de uno de los diseños que Dios tiene en el cielo. Los demás son diferentes a ti, y tú eres diferente a los demás.

Debes saber que en la tierra nadie tiene tu forma, y en el cielo lo único que tiene tu forma es la mente de Dios; porque después de Dios pensar en ti y formarte, no te olvido, ni te borró de su mente; sino que todavía te conserva en su mente, tu ocupas un lugar muy especial en la mente de Dios.

Es por eso que nadie podrá destruirte, porque la mente de Dios nadie podrá destruirla.

¿Por qué lo va hacer?

Por qué indica la causa o razón de un hecho. Esto quiere decir que Dios, en su infinita gracia y sabiduría, te seleccionó para ocupar un lugar especial dentro del tiempo y el espacio, para ocupar un punto estratégico en la batalla, una posición única en el juego.

Esa es la causa o el porqué de tu estar aquí en la tierra. Solo tú puedes responder a ese llamado, solo tú puedes ocupar ese lugar en el espacio, solo tú puedes pararte en ese punto estratégico de la batalla, y solo tú puedes ocupar esa posición en el juego. El hecho de tu saber el porqué Dios te hizo, el porqué estas aquí, yo creo que eso debe empujarte hasta ubicarte en el lugar donde debes estar.

Recuerda que Dios cuenta contigo, tú eres una pieza de su engranaje; por tanto, levántate hoy e identifica ese punto estratégico que si no estás ahí se quedará vacío. Identifica tu posición en el juego porque este es tu tiempo.

¿Para qué lo va hacer?

No quiero que confundas el porqué, con el para qué, mientras que el porqué indica la causa o razón, el para qué indica la intención y el propósito del diseñador, revela la motivación del diseñador.

Por mucho tiempo y con frecuencia he escuchado a muchas personas decir: yo estoy vivo porque Dios pensó en mí, soy cristiano porque Dios me escogió desde el vientre de mi madre. Satanás me ataca porque él sabe que Dios tiene propósito conmigo. Porque es la respuesta de ¿por qué?

Yo creo que lo que les falta a muchas personas no es saber el ¿Por qué? sino el ¿para qué?

El para qué nos revela la misión. El por qué nos da una actitud de dependencia del causante de... y una actitud de agradecimiento al causante de... lo antes mencionado es bueno, pero necesitamos la revelación del ¿para qué? El cual es el motor que nos va activar.

Nadie entenderá qué es vivir con propósito, si primero no entiende el para qué estoy aquí, cual es mi misión aquí en la tierra. Cuando tu entiendas el "para" cumplirá el "con". Hay un pasaje bíblico que dice:

"El espíritu del Señor está sobre mi, por cuanto me ha ungido para dar buenas nuevas a los pobres; me ha enviado a sanar a los quebrantados de corazón; a pregonar libertad a los cautivos; y vista a los ciegos; a poner en libertad a los oprimidos; a predicar el año agradable del Señor" **(Lucas 4:18-19).**

Contextualizando este pasaje con nuestro tiempo presente, decimos entonces, que fuimos o somos ungidos "para". Cuando entendamos el, para qué, se comienzan en nosotros a activar todo lo inactivo por tiempos. Nuestros ojos se abren. Dios nos llama en este tiempo a identificar el ¿para qué? nos llamó, nos escogió, nos santificó, nos bendijo, nos prosperó, nos ungió y nos ubicó en el punto geográfico en donde nos encontramos ahora. El mismo Jesús se enfocó más en el para qué, con frase tales como: *"Más yo he venido para que tengan vida"* **(Juan 10:10).**

Y "para" esto he venido al mundo, para dar testimonio a la verdad. **(Juan 18:37.)**

*Porque no envió Dios a su hijo al mundo para condenar al mundo, sino para que el mundo sea salvo por Él . **(Juan 3:17).***

No te concentres tanto en el porqué suceden las cosas, sino más bien en el ¿para qué suceden? José entendió lo que estoy diciendo y lo expreso así:

"Pero ahora, por favor no se aflijan más, ni se reprochen el haberme vendido, pues en realidad fue Dios quien me mandó delante de ustedes para salvar vidas. (Génesis 45:5, NVI).

¿Dónde lo va hacer?

Dios siempre te va indicar el punto geográfico que Él eligió para establecerte y hacer lo que Él quiere hacer. Muchas personas no entienden el "para qué" están donde están; a veces lejos del lugar de su nacimiento y lejos de sus familiares.

A lo mejor te has preguntado que hago aquí en este país, ciudad, isla, barrio, etc. ¿Y por qué Dios siempre me mueve de un lugar a otro? Hoy Dios te dice: "todos los movimientos y traslados que has tenido hasta estar donde estás hoy, han sido parte de mi proyecto contigo". Por eso considero muy peligroso trasladarse de un lugar a otro sin la aprobación divina, por que cuando eres marcado por el propósito divino, todos tus movimientos y traslados se entrelazan y se conectan a ese propósito. No es casualidad, nada de lo que ha estado sucediendo en tu vida, interprétalo como parte del propósito de Dios para tu vida.

¿Cuándo lo va hacer?

Dios siempre nos va a conectar con el tiempo y el momento del cumplimiento de sus promesas y la manifestación de su propósito. Es como Salomón lo expresa:

"todo tiene su tiempo, y todo lo que se quiere debajo del cielo tiene su hora" **(Eclesiastés 3:1).**

El tiempo indica temporada de cumplimiento, y la hora indica momento de manifestación. La mujer cuando está embarazada y llega a los nueve meses, decimos que está en el tiempo, pero la hora es la manifestación de aquello que se formó antes del tiempo y que el mismo tiempo revela cuando está a punto de manifestarse. En ese mismo contexto de la mujer en cinta, la hora es aquello que revela y manifiesta lo que no se veía, pero que si creía estaba ahí por fe, y por los movimientos que daba diciendo: *"estoy ahí aunque no me ves, soy real dentro de ti y ahora me podrás ver".*

Como ministro, he notado que la iglesia de hoy vive desconectada del tiempo.

La primera razón es por lo escatológico. Porque si nos desconectamos del tiempo no podremos discernir cuan cerca estamos de la venida de nuestro Señor Jesucristo. Tampoco podremos saber lo que Dios está a punto de hacer con nosotros, y está a punto de darnos ahora.

La Biblia habla de un grupito de hombres que pertenecieron al ejército de David, y que fueron muy importantes, tanto para su reino, como para toda la nación de Israel. Y fue por la siguiente razón que encontramos en la Biblia:

"De los hijos de Isacar, doscientos principales, entendido en los tiempos, y que sabían lo que Israel debía hacer, cuyo dicho seguían todos sus hermanos". **(1 Crónicas 12:32)**.

Yo creo que no puede quedar fuera de nuestras oraciones el pedir a Dios entendimiento en relación con el tiempo. Los de la tribu de Isacar como eran expertos en discernir el tiempo, ellos sabían lo que Israel debía hacer. Hay personas que no saben qué hacer, y no saben que les puede funcionar.

Cuando tú te alineas al tiempo, tú sabes qué hacer en el momento preciso para obtener resultados específico. Como todo tiene su tiempo, entonces el operar fuera del tiempo, es golpear al aire y al vacío.

¿Con quién lo va hacer?

El con quién revela la materia prima que Dios va a usar para hacer todo lo que Él quiere hacer. Y yo creo que esto nos incluye. Sin ti el espacio se que queda vacío, ahora es tu turno.

Ministrando en el tiempo

En lo particular, como predicador, después que el Señor a través de su Espíritu, me ha hecho entender la dimensión del tiempo, he sido más exitoso en el ministerio. Esto es porque puedo interpretar lo que Dios quiere manifestar en cada temporada del ministerio.

Hay algunas temporadas (tiempo) cuando Dios me usa en revelación poderosa de su Palabra; otras veces (temporada) en sanidad y milagros; en otro tiempo liberación, ciencia, profecía, y llevando avivamiento.Yo creo que la primera unción que necesitamos es la unción que nos ayuda a interpretar el tiempo y nos enseña a administrarlo para poder operar bien en cada movimiento del Espíritu en nuestra vida.

He visto compañeros predicadores que a veces llevan ministerios frustrados; y esto es porque Dios quiere operar en una cosa, y ellos en otra cosa.

Cuando Dios quiere obrar liberación, ellos quieren ministrar sanidad. Otros, cuando Dios quiere operar milagros, ellos quieren profetizar.

Cuando tú no operas en el tiempo, tú tienes que provocar las cosas, pero cuando tú operas en el tiempo y la hora, las cosas suceden sin que tú las provoques.

Es muy probable que te preguntes ¿Cómo puedo darme cuenta de lo que Dios quiere operar? Lo primero que debes saber es que Dios trata con cada persona de manera singular, pero a veces Dios pone el sentir en el corazón de sus siervos sobre las cosas que Él quiere hacer.

Otras veces el Éspíritu Santo habla con voz audible a nuestro oído. También hay otra forma, y es la que más me encanta como ministro, se trata de cuando lo que Él quiere hacer en cada tiempo surge sin yo provocarlo.

Por ejemplo, estoy predicando y endemoniados comienzan a caer sin que yo esté ministrando liberación. Si esto acontece en mi siguiente ministración, de inmediato identifico que en esa temporada Dios quiere usarme en liberación.

De hecho, continúo ministrando liberación hasta que pase esa temporada del Espíritu en mi vida.

Es glorioso ministrar bajo esa dirección del Espíritu, pues no hay que forzar ni pelear para que las cosas sucedan. Con tan solo decir la Palabra en el nombre de Jesús, las cosas comienzan a suceder y eso es impresionante.

Como predicador de revelación que soy, a veces quiero fluir en revelación, y no fluyen las palabras, las ideas no me combinan y las expresiones precisas me escasean. Yo no me turbo ni me frustro, solo pienso y digo: *"No es temporada de revelación"*. De ahí entonces trato de identificar que es lo que el Señor quiere manifestar en dicha temporada. Si sanidad, sigo la visión, o si liberación, palabra profética, avivamiento o manifestación del don de ciencia; cual sea la manifestación que el Señor quiera traer, sigo la temporada del Espíritu.

Por eso en cada temporada veo diferentes manifestaciones, porque todo tiene su tiempo.

Yo creo que cada ministro, en especial los evangelistas y pastores, debe entender y conocer esto para poder ministrar áreas específicas en el momento preciso.

El mismo Salomón dice: *"hay tiempo de plantar, y tiempo de arrancar lo plantado"*. En otras palabras hay tiempo de sembrar y tiempo de cosechar.

El que pretende sembrar en tiempo de cosecha, no es prudente, y el que quiere cosechar en tiempo de siembra pierde su semilla. Dios en su sabiduría hizo en el año cuatro temporadas diferentes.

Hay un tiempo de lluvia y otra de sequía. Hay un tiempo de calor y otro de frió. El que se abriga en el tiempo de calor, dicen que está loco o enfermo, porque todo tiene su tiempo. Las temporadas del año responden a un código para operar en el mundo espiritual, el no saberlo nos hace inefectivo en nuestras operaciones.

Tiempo de cosecha

"¿No decís vosotros: aun faltan cuatro meses para que llegue la siega? He aquí os digo: alzad vuestros ojos y mirad los campos, porque ya están blancos para la siega " **(Juan 4:35)**.

En este pasaje bíblico podemos identificar que los discípulos estaban fuera de tiempo. Ellos tenían cuatro meses desconectado del tiempo de la cosecha. Los discípulos decían faltan cuatro meses para la siega. Algo muy importante, y es que la visión de ellos estaba en conexión a la información que ellos tenían. La información te hace mirar sin ver. La revelación te hace ver y enfocar.

Lo que la información había dicho a los discípulos que verían y conseguirían en cuatro meses, Jesús por revelación vio que los campos estaban maduros y se enfocó en la cosecha.

La información te dice que para vencer a Goliat se necesita un ejército muy bien armado. Sin embargo, la revelación dijo a David que él solo, y sin armas de guerra podía vencer al gigante Goliat.

Hay personas que están pensando como los discípulos, no están usando lo que tienen ni están entrando al campo de la cosecha, por que dicen: *"faltan cuatro meses o diez para la siega"*. En este tiempo el Espíritu de Cristo está siendo impartido a nuestro espíritu, para ver hoy lo que otros verán en cuatros meses.

Hay muchas personas que solo se han enfocado en que la iglesia está viviendo los tiempos más difíciles de toda su historia. Esto puede ser verdad en cierto sentido, pero ahora te invito a ver conmigo algo muy importante que muchos no se han detenido a enfocar, y es lo siguiente: El mejor tiempo de la iglesia es este, las iglesias están creciendo como nunca, Dios está derramando su poder, su unción y su gloria como nunca antes lo había hecho.

Los ataques del infierno contra la iglesia no son más, ni menos que indicadores que están diciendo: Estas a punto de recibir mayor gloria.

Aquí hay un desafió y es este: "si no te levantas hoy no lo harás nunca, sino te decides hoy no lo harás nunca". Este es tu tiempo de revelación, unción, y conquista; Por tanto, levantate, decídete, toma las herramientas que Dios te ha dado, y sal al campo, porque tu tiempo de segar llegó.

Quizás tú estés pensando o diciendo: "este es mí peor momento financiero, mi peor momento en el ministerio, o tengo problemas de salud, familiares", y sientes que tu relación con Dios no es la misma. Estas palabras son para ti: debes dejar de mirar las situaciones del momento, los problemas presente y enfócate en lo que Dios ha puesto delante de ti, entra al campo a cosechar.

No es tiempo de repetir historias, es tiempo de abrazar lo que Dios ha dicho de nosotros y conquistar lo que nos pertenece.

Capítulo 17

Llegó tu tiempo: abraza tu destino profético

*Y los hijos de Judá vinieron a Josué en Gilgal; y Caleb, hijo de Jefone Cenezeo, le dijo: tu sabes lo que Jehová le dijo a Moisés, varón de Dios en Cades Barnea, tocante a mi y a ti. Entonces Moisés Juró diciendo: ciertamente la tierra que hoyó tu pie será para ti, y para tus hijos en herencia perpetua, por cuanto cumpliste siguiendo a Jehová mi Dios. Dame, pues, ahora este monte, del cual habló Jehová aquel día; porque tu oíste en aquel día que los anaceos están allí y que hay ciudades grandes y fortificadas, quizás Jehová estará conmigo, y los echaré como Jehová ha dicho **(Josué 14:6, 9,12).***

Caleb fue uno de los doce espías que Moisés envió desde el desierto a explorar la tierra prometida. Al regresar de esa exploración, Dios a través de Moisés hizo una promesa a Caleb diciéndole que la tierra que pisaron sus pies sería de él en herencia perpetua. Caleb creyó la promesa y la abrazó por cuarenta y cinco años. Pero llegó un momento en que Caleb recordó o memorizó la promesa, e identificó el tiempo de su cumplimiento.

Yo creo que muchas personas necesitan saber y conocer que hay un tiempo para recibir la promesa y otro tiempo para el cumplimiento de la promesa; hay un tiempo de recibir lo profético y uno para el cumplimiento profético.

Hay personas que tienen muchas palabras proféticas, pero no ven su cumplimiento, unas de las razones es que no hacen nada, porque creen que las palabras proféticas son varitas mágicas, cuando no es así.

Cuando Dios te da una palabra profética con esa palabra Él te está marcando dirección y te está diciendo, *"esta es la ruta que debes tomar para encontrarte con lo profético, con lo que yo ordené a la vida entregarte en un momento preciso".*

También debes saber que lo profético no abraza a nadie de espalda, por eso la palabra profética trae dirección para encontrarnos de frente con lo profético, y abrasarnos con ello.

Si ya recibiste la palabra profética debes levantarte, vivir, y caminar en dirección a lo profético. Lo profético es aquello que Dios planeó antes de la fundación del mundo hacer contigo y entregarte; esto es lo que llamamos "tu destino profético".

Tiempo de arrebatar

Al igual que Caleb debemos aprender a identificar el tiempo, él entendía que esa era su oportunidad y que no la podía dejar pasar.

Hay oportunidades que se repiten, pero también hay oportunidades que no se repiten, que la vida nos la da una sola vez, y por eso debemos aprovecharlas. Lo siguiente es que Caleb sabía que en su terreno profético habían enemigos, pero él entendía que ese era su tiempo.

Hay cosas que tu sabes que te pertenecen, pero que otro la está poseyendo; debes levantarte y arrebatárselo en el nombre de Jesucristo nuestro Señor.

Este es tu tiempo, no lo dejes pasar. Esta es tu oportunidad, debes aprovecharla. Ya Dios puso en ti el poder, la unción, y la autoridad. Nada podrá detenerte, arrebata lo que es tuyo, porque este es tu tiempo. Avanza hacia la conquista, que hay ejércitos de ángeles peleando a tu favor en el mundo espiritual. Como el Señor estuvo con Caleb, así lo está contigo, como le cumplió a Caleb, te cumplirá a ti.

Levántate ahora porque el mundo necesita lo que tú tienes. Ya pasó el tiempo de estar atrás, te marcaron para estar delante abriendo caminos; se acabó el tiempo de estar abajo, Dios te marcó para que estés arriba exhibiendo su victoria. Llegó a su fin el tiempo de ser cola, Dios te llenó de capacidades para estar a la cabeza dirigiendo.

Ya no vivas como mendigo, cuando eres príncipe. No vivas como esclavo cuando eres libre; deja de vivir como criado, porque eres hijo. Llegó el tiempo de identificar quien eres y cuál es tu destino profético.

No te había tocado vivir un tiempo mejor que este. Este es un tiempo de gloria. Algo muy importante es que en este tiempo hay un aceleramiento profético. Esto quiere decir que lo que Caleb esperó cuarenta y cinco años; Dios puede entregártelo en un año. Las cosas que otros logran en un año, Dios te las entrega en días. Porque el aceleramiento profético te saca del tiempo chronos y y te ubica en el tiempo kairos. Este es un tiempo de crecimiento, avance espiritual, y santificación.

¡Aprovéchalo!

9 789994 588130 1